人際關係心理學

現學現用！解決與人相處時的各種問題

心理學家 浮谷秀一 監修

楓葉社

前言

「為什麼我那時候會發脾氣呢？」

「為什麼那個時候他會表現出那種態度呢？」

在日常生活中，經常會出現如上述般讓人感到後悔或苦惱的事情。

舉凡自己也不理解的情感、對方令人意外的行為……在這些情況的背後，一定有部分心理上的作用。畢竟要說心理掌控著我們所有的對話和行為也不為過。

但是問題在於我們看不見內心，所以才會對於誤會對方所說的話，或者無法順利傳達自己的心情而感到煩惱。

要在社會中生存，就不免會與各種不同的人產生關係。因此，當然會想要盡量與他人建立良好的關係。

近年來，心理學掀起了一小股熱潮，或許是因為有許多人希望透過了解他人的心理，使溝通順利進行。

為了回應這個願望，本書中刊載了大量有助於改善人際關係的實用技巧。

此外，還收錄滿滿的心理學精華，就連「那個人為什麼會這樣？」、「為什麼會做出那種行為？」等疑問都能獲得解答。

希望這本書能夠幫助各位解決人際關係上的煩惱，過上更愉快、充實的生活。

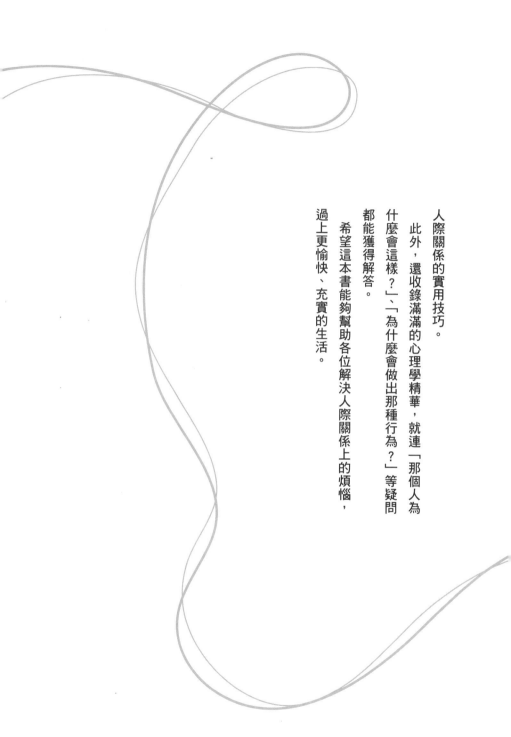

※本書內容是以二〇一二年出版的《わかる！使える！人間関係の心理学》為基礎，增訂、修改而成的。

Part 4 了解性格的心理學……169

Part 1

解決人際關係煩惱的心理學

適當地控制心情

與孤獨感友好相處的重點

只有我覺得一個人很寂寞嗎？

人類是一種寂寞就會死的生物，通常可以忍耐疼痛，但沒辦法忍受孤獨，所以會本能地尋求同伴。這種想要與誰在一起、打好關係的慾望稱為「親和動機」。

親和動機的高低強度因人而異。有覺得獨自一個人也沒關係、比較喜歡一個人的人，就會有得經常和其他人待在一起，不然就會感到焦慮的人。

一般來說，比起男性，女性的親和動機更為強烈。而女性確實也會經常集體一起行動，例如吃飯等。

要與他人建立良好的關係，親和動機是不可或缺的條件。但「不想被討厭」、「不想被排擠」的強烈想法，往往會使人為了迎合周圍而迷失自我，例如無法說出自己的意見等。不僅僅是現實世界，在網路世界也是如此。如果希望與親近的人維持人際關係的心情太過強烈，頻繁地以電子郵件或社群網路與之聯繫，超出一般程度太多時，可能會為對方帶來困擾。

此外，如果親和動機太過強烈，無法輕易得到滿足的話，就有可能會陷入不安和孤獨感中。在感受到孤獨的時候，會接收到寂寞的心情，所以要適當地控制自己的心情，例如做一些會感到愉悅的事情、摸一摸寵物，或打開廣播等使之不斷播放人聲。

為了不讓自己因孤獨感而煩惱，重點在於要適當地控制心情。

大家都會有感到寂寞的時候

Q. 你有親密的好友嗎？（可複選）

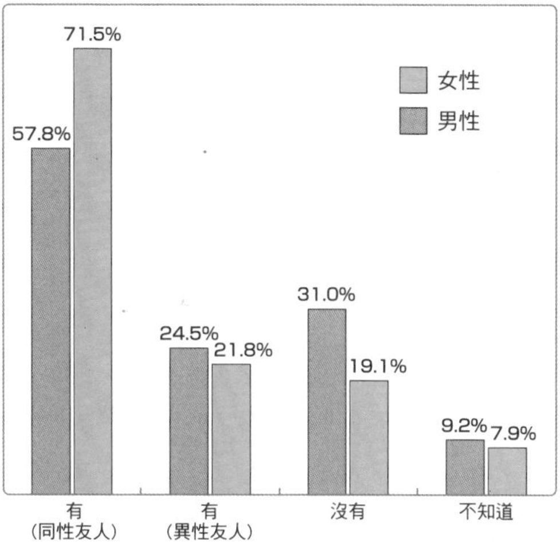

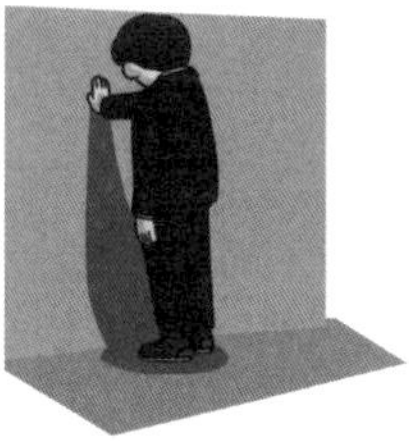

Q. 麼時候會感到孤單呢？（可複選）

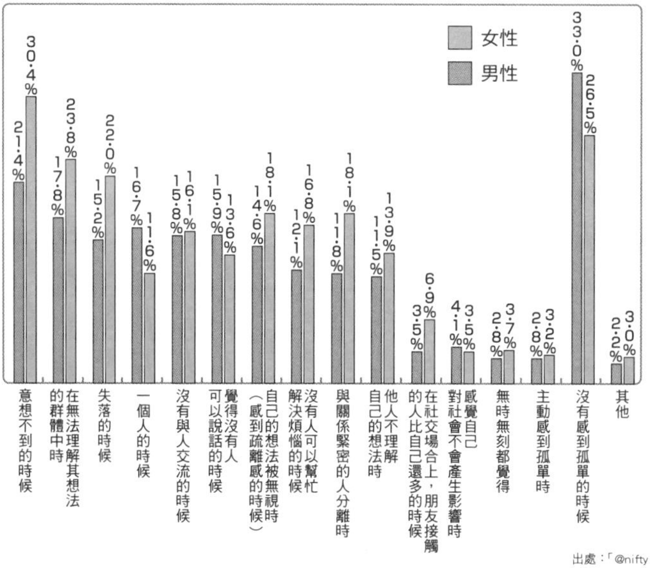

出處：「@nifty ニュース」

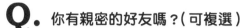

首先是要了解自己帶給人什麼樣的印象

第一次見面留下良好印象的重點

印象真的是在剛開始的幾秒就決定好了嗎？

據說，一般人會在幾秒鐘內決定對初次見面的人的印象。而且，當下的感覺會長時間停留在記憶中，難以改變。

舉例來說，對方在初次見面時留下爽朗的印象，再次見面時，即使對方露出不開心的表情，我們也會充滿善意地想：「不知道他是怎麼了？今天身體不舒服嗎？」相反地，假設對方一開始就讓人覺得是個冷漠、沒耐心的人，當對方在下次見面對自己露出笑容時，反而會讓人提高警覺，認為：「總覺得有點毛骨悚然，是在謀劃什麼嗎？」

如上述般，最初的印象對後續產生影響的現象，稱為「序位效應」。因此，第一印象其實比我們想像中的還要重要許多。

那麼，到底要怎麼做才能改變第一印象呢？美國有句話說：「錯過留下第一印象的機會，就不會再有第二次。」由此可知印象的重要性，目前也有許多人在進行相關的研究。

印象是由服裝、髮型、體型、表情、舉止、姿勢、語調和說話方式等所形成。同時，印象好壞也會受到接收者的經驗和知識的影響，所以沒有明確的方法能確保留給對方好印象。不過一般認為，在一定程度上，自己也能操控留給他人的印象（詳見P17）

首先，最重要的是，要了解自己帶給人什麼印象。

詢問家人或值得信賴的朋友對自己的第一印象，以獲得第三者的客觀意見。

初次見面的印象會烙印在記憶中

美國諺語

You never get a second chance to make a first impression.

錯過留下第一印象的機會，
就不會再有第二次。

第一印象良好的人 → 之後就算稍微犯點錯誤也沒關係

第一印象不好的人 → 難以挽回印象帶來的影響

認識時留下好印象

→ 有助於建立良好的人際關係

人際關係心理學 3

提升好感度的重點

先整理好儀容

「因外表被拒絕」好震驚。如何提高好感度？

我們從外界獲得的資訊中，大部分都是來自於視覺。換言之，外表可說是決定第一印象的最大因素。

頭髮亂七八糟、穿著邋遢、看起來不整潔的人，與頭髮梳理整齊、衣著整潔的人，不用說，各位應該也知道哪一個給人的印象會比較好吧？經常會聽到人家說「不能以貌取人」，但實際上，我們大多都是憑外表來評斷一個人的好壞。

一般往往會認為「外表亮麗的人，品行也會很好」、「穿著高級西裝的話，看起來就像個紳士」，這個現象稱為「暈輪效應」。由於暈輪效應，會使一個人引人注目的特徵，例如外貌等，影響到整體帶給人的印象。

對於初次見面的人，無論是外貌或穿著，還是學歷或職業等，通常都會受到其特徵的影響，對這個人抱持好或不好的印象，或以此評斷好壞。暈輪效應具有非常強大的威力，善加利用的話，有助於建立良好的人際關係。

因此，為了提高好感度，首先應該要整理衣著打扮。此外，也要注意姿勢和說話的方式，並保持自然的笑容。

以男主播和女主播給人的清爽感和工作俐落的感覺作為範本，努力提升好感度吧！

外表美觀，才能看清楚內在

給人良好印象的訣竅

姿勢良好，給人的印象也會變好

儘管覺得自己的姿勢很標準，但可能會意外地出現駝背或因為太過介意姿勢導致肚子突出的情況。請在鏡子前面確認自己的姿勢吧！

1 想像頭上綁著繩子，從上面懸掛的感覺，挺直背脊。

2 抬高下巴。

3 肩膀放鬆，左右兩側的高度一致。

4 縮小腹。

5 屁股往內稍微施力，夾緊臀部肌肉。

6 膝蓋伸直。

人際關係心理學 4

有目的性地操控自己給人的印象

善於表現自己的關鍵

怎麼做才能讓對方對自己有好的印象？

可以在一定程度內控制給予對方的印象。

例如，僅僅穿著面試的套裝，就會散發出嚴肅的感覺，給人認真青年的印象（詳見P16）。但應該很少人會穿面試套裝出席聯誼派對吧？畢竟在參加聯誼時，最好穿著時髦的外套或西裝來展現自己的良好品味。

像這樣，為了留給對方良好印的象，刻意營造自我形象的行為，稱為「自我呈現」。自我呈現根據目的大致可分為以下幾種類型。

①戰術性還是策略性

戰術上的自我呈現是為了暫時提高自己的印象而採取的行動，包含奉承、自吹自擂、威嚇、哀求、示範、賦予讚賞、辯解、正當化及賠罪等。

另一方面，策略性自我呈現是長期樹立自我的形象，以獲得他人的尊敬、信任及地位等。

②主張性還是防禦性

①還可以進一步分為主張性自我呈現與防禦性自我呈現。前者是，積極行動，試圖給人留下好印象。後者是將聲譽下跌的程度控制在最小限度。①的戰術性自我呈現中，辯解、正當化和賠罪等都屬於這一範圍。操控印象聽起來有點陰險，但其實是非常重要的動作。

為了建立良好的人際關係，必須要適當、聰明地進行自我呈現。

自導自演對良好印象來說也很重要

為了巧妙地表現出自己

戰術性・主張性自我呈現

●**奉承**

為了讓他人對自己抱有好感，說些恭維的言語或贊同對方的意見。

●**自吹自擂**

為了展現自己的能力，說話時強調自己的實績和經歷。

●**威嚇**

為了誇耀自己的權威，做出大聲怒罵或逞威風的行為。

●**哀求**

為了引起同情心，展現出自己的弱點。例如，訴說自己身體不好或哭泣。

戰術性・防禦性自我呈現

●**辯解**

為了盡量控制下跌的聲譽，找許多藉口。

策略性・主張性自我呈現

●**尊敬**

制定長期策略，樹立自己的形象。例如，為了獲得尊敬，總是彬彬有禮地行動；為了贏得信任，會規規矩矩地寄送季節的問候信；為了受到他人信賴，重點是不要急，一旦露出焦急的神態，就會被他人看透。

讓他人對自己抱有善意的重點1

面帶笑容地與他人眼神接觸

為了讓他人對自己抱有善意

在第一次見面時，如果對方朝著自己露出笑容，緊張感就會得到緩解並感到鬆了一口氣對吧？這是因為覺得對方正在接受自己。僅僅只是露出親切的笑容，就連品行看起來也會很好，瞬間就能提升好感度。因此，笑容是建立良好關係的必要道具。

但不知道是不是因為害羞還是不熟悉的關係，許多人都覺得很難自然地露出微笑。在這種情況下，可以試著在家對著鏡子練習。

抬高嘴角，就像是在發出「一」的發音一樣。只要透過要臉部伸展運動等來鍛鍊臉部肌肉，讓表情更豐富，就能輕鬆露出自然的笑容。

笑容比言語更能傳達出善意。當一個人覺得對方對自己抱有善意時，自己也會對對方抱持著善意。這個現象稱為「善意的互惠性」。

此外，還有一種向對方傳達善意的方法，即眼神接觸。眼神接觸是指眼睛與眼睛的對視。適度的眼神接觸，可以說是人際關係的基本。因此，在遇到對方時，請以笑容與之眼神接觸，並微微地頷首示意。

當然，即使眼神接觸再重要，也不能在不是情侶關係的情況下，過度盯著對方看，因為可能會令對方感到緊張、不適。

其中，最糟糕的是拒絕對視，這個行為就像是在說「我討厭你」一樣。

自己先面帶笑容地與他人眼神接觸的話，對方一定也會對自己抱有善意。

邊照鏡子邊練習是最好的方法

什麼是自然的笑容？

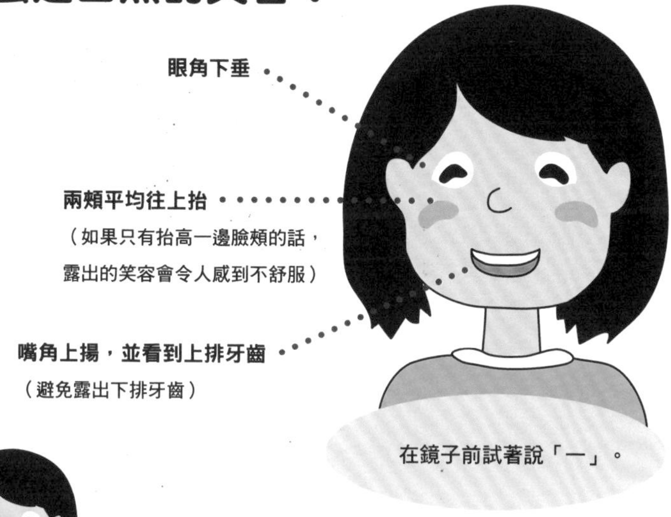
眼角下垂
兩頰平均往上抬
（如果只有抬高一邊臉頰的話，
露出的笑容會令人感到不舒服）
嘴角上揚，並看到上排牙齒
（避免露出下排牙齒）
在鏡子前試著說「一」。

簡單的臉部伸展運動

盡量大幅度地活動嘴巴，慢慢地反覆發出啊、咿、嗚、欸、喔的聲音。

如何露出感覺良好的笑容

●觀看電影和DVD，盡情地哭笑，以坦率地表現出情緒。

●勤奮地在鏡子前確認笑容。

●在與人見面之前，可以想些開心的事，使情緒高漲。

●注意要以笑容面對身邊的人。

●進行臉部伸展運動，鍛鍊臉部肌肉。

人際關係心理學 6

讓他人對自己抱有善意的重點2

適時點頭，隨聲附和

想被對方喜歡的話，要善於述說還是傾聽？

即使順利見到面，也有很多人會在對話中受挫。例如，不知道要說什麼比較好、雙方都不說話時覺得很尷尬等。各位是否曾遇過，愈是焦急得想要讓談話繼續下去，場面愈是困窘的情況呢？

總是在以愉快的對話炒熱氣氛的人確實很受歡迎，但實際上，傾聽者才是受大家喜愛的人。要說為什麼的話，因為所有人都想要說話，都希望有人來聽自己說話。

心理學家馬特拉佐，在警察和消防員等錄取考試中，研究應考生分別在面對積極點頭和普通回應時的反應變化。

於是得到了當面試官積極點頭時，85%應考生的發言次數增加，發言的內容量則提高了約50%的結果。

像這樣在傾聽的同時一邊點頭的話，會讓人覺得對方很感興趣，進而認為要更主動地開口說話。

因此，如果想讓對話更加活絡，不需要勉強說話，只要點頭即可。

畢竟無論是誰，都抱有想要受到他人的認可，希望他人接受自己的慾望。而各位的點頭回應就是在滿足這個需求。

不光只是點頭，如果再加上「原來如此」或「所以呢？」等話語來促使對方繼續往下說，效果會更顯著。

只要傾聽，並適時點頭及隨聲附和就好。

比起說話，傾聽更容易受到喜愛

開啟對話的技巧

1 眼神接觸
傾聽說話的信號。

2 點頭、附和
對你有興趣、我接受你的信號。
滿足對方的承認慾望或自尊慾望。

3 回溯法
複述對方的發言和關鍵字，或歸納要點。
作為認真傾聽、對你有好感的信號。

4 同步
配合對方的說話步調，例如說話節奏和速度等。
讓對方覺得有親切感。

5 鏡射
配合對方的行為舉止，例如喝飲料和大笑的時機，
讓對方對自己抱有親近感。但要不經意地，
不能明目張膽地模仿。

6 笑容
最能表示出善意。覺得有趣時笑出聲的話，
對方更能開心地繼續說下去。

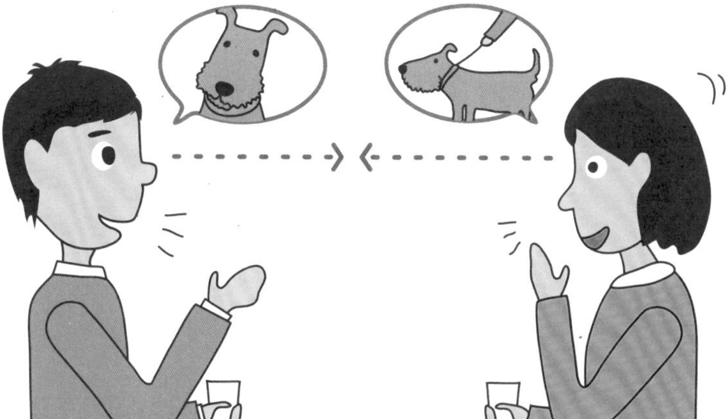

人際關係心理學 7

慢慢地釋出自己的資訊

與對方拉近內心距離的重點

如何與對方更親近、更親密？

只要運用目前為止所介紹的技巧，彼此的對話應該相當順暢。但若想和對方更親密的話，要怎麼做比較好呢？

遇到這種情況時，我推薦運用「自我揭露」。在自我呈現中，主要是刻意塑造自己的形象，但在自我揭露中，則是將自己的隱私攤開來講。

例如「我其實出生於日本九州……」、「其實前陣子，我在工作中遇到很大的挫折……」等，直接了當地談論自己的興趣、工作、家人或將來的夢想、現在的想法。

或許各位會覺得：「只要這樣就可以了嗎？」其實光是這麼做，對於增加親密感來說，效果已經相當顯著。事實上，當他人對自己說「老實說……」等內心話的時候，你不覺得雙方的距離一口氣就縮短了許多嗎？

正因為信任對方，才能做到自我揭露。也許有人會覺得說出自己隱私很不好意思，或是覺得可能反而會引起對方的反感，但目前已經得知，自我揭露與親密性之間有著密切的關係。

而且，當自己開始進行自我揭露後，對方也會敞開心扉，表示：「其實我也是……」這個現象稱為「自我揭露的互惠性」。如此一來，隨著雙方對彼此進行深入的自我揭露，親密度也會提高。

不過，初次見面時不可以進行太過深入的自我揭露。在與對方建立關係的過程中，再慢慢地釋出自己的資訊即可。

進行自我揭露時，會傳達出「我相信你，而且對你抱有好感」的訊息。

不必多加修飾，敞開心胸地談論

以高明的自我揭露來拉近關係！

自我揭露的內容

- **興趣**、**出生地**、家人的事情、家庭的話題、工作、現在在思考的事情、**將來的夢想**、**煩惱**、價值觀、人生觀等
- **失敗的經驗談**尤其有效果

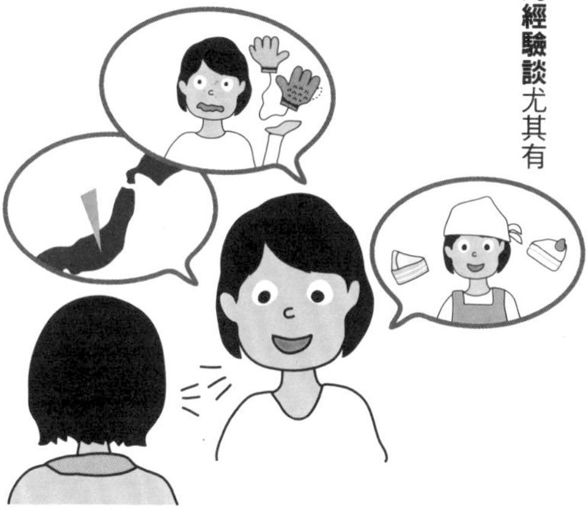

你愈是打開自己的內心，對方愈會願意敞開心扉。

自我揭露時的注意事項

- 一開始不要毫不隱瞞地將自己**很苦惱的事情**全盤托出，也不要**長篇大論**

例如「其實他腳踏兩條船，沒有工作，又到處借錢不還……」

對方會**覺得很尷尬**

- **不要期待對方的回報和反應**
- 注意不要說到最後變成在表現自我

人際關係心理學 8

不被人討厭的重點

一開始就避免可能會引發爭執的話題

為什麼會有自己不擅長應對的人呢？

無論是誰都沒辦法喜歡上每一位認識的人，多少會遇到一兩個不合拍或討厭的人。為什麼會出現這種情況呢？就如俗話所說的「物以類聚」，通常人都會對與自己相似的人抱有好感。因為覺得與自己持有相同意見和價值觀的人交談可以很愉快，而且能在一定程度上預測對方的想法和行動，自然就能放下心來相處。

反過來說，一般很容易會討厭與自己不同的人。會在不知道對方在想什麼，或對方提出反對意見時感到不愉快。在反覆遇到上述情況的過程中，就會逐漸形成厭惡感。

喜歡或討厭等的情緒，通常會試圖與對方的情感之間取得平衡。因此，自己不喜歡對方的話，對方必定也會討厭自己，這個現象稱為「厭惡的報復性」。反之亦然，人在面對善意時會以善意回報。這並不難理解，畢竟是我們日常生活中會經歷到的情況。

由於明確的原因而感到厭惡是無法避免的，但也很常會出現因為一點小事而產生難以應付的想法，進而不喜歡對方的情況。其中，光是意見不合，就有可能會對對方抱有負面的情緒，所以一開始要避免可能會造成對立的話題。此外，在提起一個話題後，對方表現出不感興趣的樣子時，建議立即切換話題。

在完全不了解對方的情況下，避免談論可能會引起紛爭的話題方為明智。

因為誤會而討厭對方的話很可惜

面對善意，以善意回報；面對厭惡，以厭惡回報。
因此，為了避免被他人討厭，最好的方式是不要討厭自己。

在未進行自我揭露時，要避開危險話題。
對方表現出不感興趣的態度時，要馬上改變話題。
不要貿然懷疑對方因為瑣碎的小事而討厭自己。
確認是不是因為偏見或自認為的想法而討厭對方。

儘管如此，仍然覺得厭惡的話，那就盡可能地保持距離，
不要牽扯上關係。

縮短與他人內心距離的重點

尋找可以自然而然與對方拉近距離的地方

為什麼不想與他人太過靠近呢？

搭上擁擠的電車和電梯時，你是否會感到煩躁呢？有時也會為了盡可能地在周圍創造出空間，而覺得自己反覆付出徒勞的努力對吧？

當關係不親近的人糾纏著自己時，無論是誰都會感到不舒服。這是因為，覺得自己的「個人空間」受到侵犯。

個人空間就像是每個人各自擁有的內心地盤，如果不受歡迎的人入侵這裡，我們就會感到不愉快或失去冷靜。這個地盤是下意識形成的領域，會隨著與對方的親密程度而擴大或縮小。

舉例來說，如果是情侶關係的話，即使不是在客滿的電車中，也會靠得很近，但若是明明還有空間，他人卻突然靠過來時，就會感到很不舒服。對於太過靠近女性時，女性會感到不愉快這件事，是否有男性尚未有所自覺呢？

就如以上所說的，對於陌生人或討厭的人，個人空間會更加寬廣；反之，彼此關係愈是親近，空間也會愈狹小。一般來說，比起女性，男性的個人空間會更廣闊，而且據說根據年齡、個性、對人的好感度、民族性及文化等，也會有所不同。

因此，反過來說，對於想要關係更為親密的對象，只要考慮如何縮小個人空間即可。其中一種方法是，去一些可以自然靠近對方的地方，例如卡拉ＯＫ包廂、居酒屋的吧台座位等。

了解個人空間，並保持適當的距離，避免讓對方感到不愉快。

與女性同事或下屬的距離太近？

了解適當的距離

0～15公分

密切距離

只有非常親密的人，例如親子、戀人和夫婦等，才能獲得同意的距離。

45～120公分

個體距離

適合朋友等進行個人談話時的距離。

1.2～3.6公尺

社會距離

適合與同事合併桌子工作時的距離。

3.6公尺以上

公共距離

沒有私人關係、陌生人之間的距離。

想要縮短距離時，
就前往可以自然進入個人空間的地方吧

提升親密度的用字遣詞重點

以「我們」取代我和你

過度禮貌可能會適得其反？

與個人空間相同，用字遣詞也會反映出內心的距離。一般將與對方之間的內心距離稱為「親密度」。

通常我們對於不怎麼親近的人或長輩，用字遣詞上會較為客氣禮貌，對朋友則是用比較友好的說話方式。由此可知，根據親密度，用字遣詞上會有所變化。距離感非常重要，若一不小心越界，就會演變成悲劇。

「好了，今天不用顧慮身分盡情玩吧！」

如果主管說了這樣的話，而下屬得意忘形，嘻皮笑臉地與之搭話，即使當下主管沒有追究，之後也不會給予這個人良好的評價。

反之，明明關係很親密，用字遣詞卻過於客氣時，會給人一種很見外的感覺，甚至會讓對方誤會：「該不會是因為什麼事在生氣吧？」由此可知，太過客氣的話，會產生距離感。

愈是使用親密度高的說話方式，親密感會愈強烈。關鍵在於，主動性、直接性和共同意識。

- 主動性　以「一起去吧！」取代「要不要去？」。
- 直接性　比起單純只說「好棒」，不如說「你很棒」。此外，相較於「你」，以姓名稱呼對方會更好。如果想進一步提高關係，可以不加姓氏，直接叫名字。
- 共同意識　比起「你和我」或「兩個人一起」，使用「我們」效果更佳。

由上述可知，用字遣詞也能加深彼此的關係。

建議使用友好用語，尤其是具有共同意識的「我們」，效果會更好。

利用這樣的用字遣詞來傳達善意

內心的距離與用字遣詞之間具有密切的關係

根據親密度，表現方式會有何變化呢？

想要一起整理桌子時

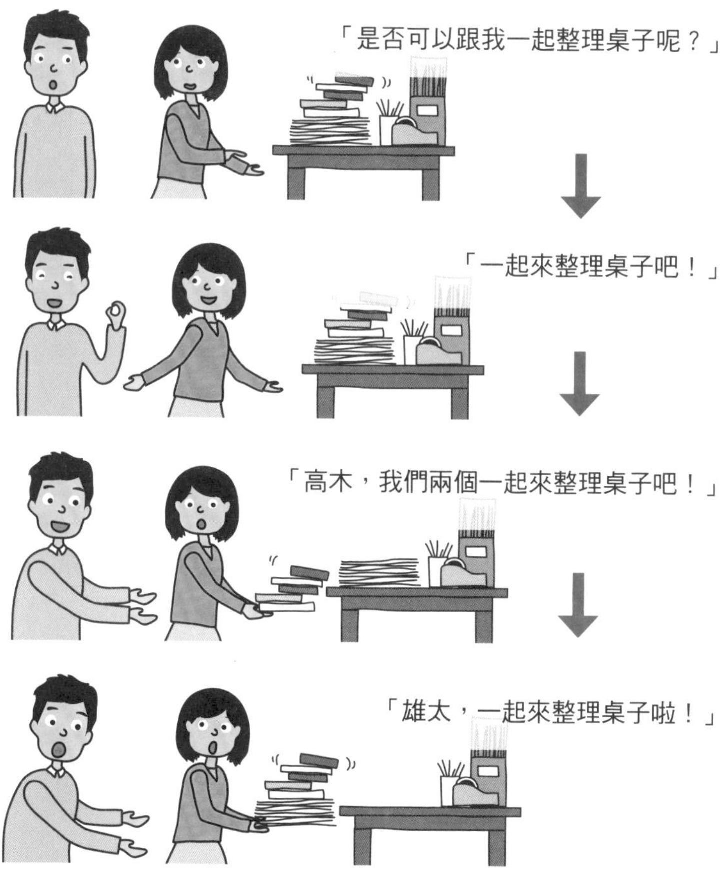
「是否可以跟我一起整理桌子呢？」
「一起來整理桌子吧！」
「高木，我們兩個一起來整理桌子吧！」
「雄太，一起來整理桌子啦！」

想要更為親密時，要提高用字遣詞的親密度；反之，想拉開距離時，就要適時降低親密度。

加入委婉用詞

避免讓對方不悅的拒絕重點

要如何聰明地說「不」？

許多人都不擅長拒絕，只要想到「可能會讓對方感到不開心」、「會被討厭吧」，就沒辦法直接了當地說「不」。

然而，通常對方並不如你想像般地那麼在意。人際關係之所以會惡化，並不是因為拒絕這件事，而是拒絕的方式不正確。最要不得的方式是，不明確地表示出好還是不好。建議要委婉地表達，但同時也要清楚地傳達想法。

例如，拒絕邀請時，首先要先表達出感謝之情，像是「謝謝你的邀請，我很開心」，接著表示「但我那天不太方便，所以沒辦法出席，非常抱歉」等，說明拒絕的理由。避免一開始就拒絕，而是要放一塊緩衝墊，如此一來，對方也就不太會感到不愉快

此外，如果可以的話，還可以提出替代方案。舉例來說，在工作忙到焦頭爛額時，他人來拜託你做某件事。如果毫不客氣地表示「我很忙，沒辦法」的話，就會失去他人對你的信任。反之，提出條件的話，就能表示出自己的誠意，對方也能接受，例如「如果可以等到下週的話，請讓我承接」、「如果只有這個部分的話就沒問題」。

拒絕的時候，最重要的是讓對方了解，自己單純只是對要求說不，而不是在否定對方本身。如果真誠地考慮到對方，你的心情自然就會傳達出去。

先說「謝謝」，再表示拒絕的理由或替代方案。最重要的是要為對方著想。

拒絕並不是壞事

拒絕時的心理準備

1 下定決心。

決定拒絕與否。抱著模稜兩可的心情是沒辦法拒絕的。

2 不要一開始就拒絕。

尊重對方的心情，傳達出可以的話也想回應對方期待的想法。

3 清楚地傳達想法。

儘管開口拒絕很困難，回覆時依然要說清楚到底是好還是不好。

4 不要拖延回覆的時間。

愈是拖拖拉拉，就愈難以開口拒絕。

5 簡潔明瞭。

不要討價還價或找藉口。

6 不要抱有罪惡感。

拒絕後就結束這個話題，不必耿耿於懷。拒絕並不是壞事。

●工作場合的注意事項

明確說明拒絕的理由。

加上「不湊巧」、「很抱歉」等話語，鄭重地拒絕。

以「~的話我可以」來取代「不行」，提出替代方案。

人際關係心理學 12

看透對方心理狀態的重點

說話速度也會表現出心理的狀態

說話快的人和說話慢條斯理的人有何不同？

說話速度因人而異，可以說是個性之一，但事實上，說話速度同時也表現出內心的狀態。

一般都說，說話快速的人是既是急性子，大腦也轉得很快。確實有許多人有這種傾向，因為要說的話太多，進而加快語速。此外，競爭心和自我主張強烈的人往往說話也比較快。這是因為他們不打算給其他人發言機會，想透過盡快表達自身想法，藉此掌握主導權。

其中也有人是為了想要炒熱氣氛才提高語速。也就是說，即使說話沒什麼實質的內容，但只要速度夠快，就能夠帶來欺騙他人的效果。

然而，如果語速突然加快，會讓人覺得是不是在說謊，還是做了什麼虧心事。害怕被看穿後會很麻煩，在焦慮和不安下，導致說話速度變快。怯場時也是如此，由於想要快點逃離現場，而加快說話的速度。

另一方面，說話慢條斯理的人代表對自己很有自信。這種類型的人，有著即使不用速度來包裝或是搶在前頭發表意見，對方也應該會尊重自身意見的自信。而且他們會沉著、慎重地挑選用詞，所以聽起來會很有說服力。

但如果是在說話的過程中突然放慢速度，有可能是在拖延時間。與悠哉的語調相反，內心可能正焦躁不安，拚命地想著該怎麼辦。

語速加快是在表現出「正在說謊」、「做虧心事」或「想要逃避的心情」。

利用說話方式能看穿的對方類型

說話速度也會表現出個性

說話快速人大多都有以下的特徵。

急躁、競爭心強烈、自我主張強烈、充滿服務精神。

說話慢條斯理的人大多都有以下的特徵。

很有自信、沉著、冷靜、自有一套準則。

配合對方的節奏的話，會談論得更起勁。

和語速快的人說話時稍微加快說話的速度；和語速慢的人說話時，自己也放慢說話的速度。

容易聽懂的日語語速是1分鐘300字左右。
試著確認一次看看吧！

人際關係心理學 13

解讀對方心情的重點

觀察對方的表情和舉止

有65％的訊息是透過言語以外的方式傳達？

言語不是唯一的溝通手段，我們還可以透過表情和舉止來了解對方的心情和想法，例如高興時的握拳歡呼姿勢與生氣時的不悅表情等，即使沒有說出口，依然可以得知對方的心情。這個道理就如同我們在日常生活中經常聽到的「心情都寫在臉上」。

這類言語以外的傳達方式稱為「非語言溝通」。不只是表情、行為舉止、手勢、眼神接觸，說話時的聲音大小、音調、語調及速度等也包含在非語言溝通中。

儘管說話內容相同，根據是用響亮歡快的方式敘述，還是小聲地嘀嘀咕咕，給人的印象會完全不同。舉例來說，當他人大聲地說「我會鼓足精神地完成！」時，自然就會放心地覺得實際上也會如此發展；但如果是低著頭小聲地說「我很有精神」，當然會很難立即相信這個人所說的話。

根據美國溝通研究最高權威——雷・伯懷斯特爾的研究，在一對一的溝通中，藉由言語傳達的訊息頂多只占整體的35％。剩下的65％是透過肢體動作、手勢和語調等言語以外的手段來傳遞。

注意表情和舉止動作！如此就能更正確地解讀對方的心情。

言語以外的動作聲調會說話

主要是非語言溝通

肢體語言	周邊語言
表情	聲音大小
舉止動作	聲調
手勢	語調
態度	速度
視線接觸	間隔停頓的方式
	說話的方式

據說，在團體中說話時，藉由言語傳達的資訊只有7%。為了避免對方誤會，也要留意舉止動作和表情。

人際關係心理學 14

利用腳尖方向來解讀感興趣的程度

從對方的雙腳動作解讀心理狀態的重點

雙腳的動作會不小心放鬆警惕

之前說過表情和舉止動作會表現出對方的心情，但由於表情可以刻意偽造，一不小心就會解讀錯誤。

但神經通常很難傳達到動作上。尤其是雙腳的動作，可以說是輕易就會顯露出內心的地方。由於並不覺得對方會連雙腳都觀察，所以容易疏忽。

以抖腳為例，在焦躁不安、什麼事不順心時，會利用這個動作來試圖緩解壓力和緊張。因此，當對方開始抖腳時，為了幫助對方放鬆，可以請他喝飲料或聊聊愉快的話題。

另外，男性在雙腳放鬆，自然打開時，即表示他對你放鬆警惕。相反地，雙膝合併的時候，代表稍微有點緊張，呈現防衛的姿態。

如果是女性，一般會說雙腳併攏，朝向左右其中一側的人自尊心高，對自己很有自信。

而無論男、女，翹腳都是在表達拒絕的信號。為了不讓對方進一步靠近，以翹腳的方式來進行防禦。

此外，腳尖朝向的方向表示感興趣的程度。直直地朝向你時，即表示打算積極與你溝通。但腳尖若是朝向一旁，身體姿勢也歪歪斜斜時，可以說是對你說的話不感興趣。

本人也沒察覺到的雙腳動作、腳尖朝向，大多都與表面上呈現出來的樣子不同。

雙腳動作會在下意識表現出心理層面

雙腳表明內心
●抖腳
想要平息焦躁情緒。
●雙腳舒適地張開
心態放鬆，接受對方。
●雙腳併攏，膝蓋緊閉
內心緊張。
●雙腳併攏朝向一側
對自己有自信。
●翹腳
完全不信任對方，展現出拒絕的態度。
●雙腳頻繁地輪流翹腳
內心緊張、對對方沒興趣。
●腳尖朝向對方
打算積極地與對方談話。
●腳尖朝向一旁，身體姿勢歪斜
對對方說的話不感興趣。
但有些人會習慣性抖腳或翹腳，所以不能因此貿然斷定，要仔細觀察對方的舉止神情。

突然停止手部動作時要多加注意

從對方的雙手動作解讀心理狀態的重點

透過雙手能夠看出哪些心理狀態？

從手部的動作也能解讀出對方的心情。

舉例來說，像歐美人那樣，以身體姿勢大幅度擺動雙手的人，是屬於希望別人稍微理解自己，好勝心較強，積極主動的類型。不過，如果動作過於誇大，看起來就會像是別有用心，拚命地在炫耀自己。因此，請留意不要受到對方節奏的影響。

此外，將手插在口袋或是放在背後的情況，代表正在警戒或是有什麼感到內疚的事情，這是不想他人察覺自身內心狀態的動作。此外，在說謊的時候，也有人會隱藏手部動作，避免被人看穿。

相同地，如果一直以來都是邊說邊比手畫腳的人，手部突然不再擺出動作時，也有必要多加留意。畢竟在試圖說謊時，身體會緊張地用力，並突然停止動作。不過，習慣說謊的人不會露出這個破綻，所以不能斷言只要手部擺動就沒問題。

另外，手張開放在桌上，或是手掌朝向自己這邊時，表示對方內心放鬆，並處於接受自己的狀態下。

相反地，緊握的拳頭表示不愉快或煩躁。若是對方進一步開始以指尖敲打桌子，代表他的內心可能很焦躁或覺得無聊，因此最好結束對話並離開。

突然停止手部動作，可能是在隱瞞什麼事，並沒有說實話。

只要看手的動作就能了解對方的心情

從手部動作解讀對方的心情

●如歐美人般大幅擺動

希望對方稍微了解自己的心情、設法讓對方進入自己的節奏中。

●隱藏雙手

防範對方、有什麼感到內疚的事情。

●在說話的過程中，突然停止雙手的動作

有什麼隱情或是打算說謊。

●雙手伸直放在大腿上

呈防禦的姿態，避免對方進一步靠近。

●手張開放在桌上，或讓人看見手掌

內心放鬆，接受對方。

●雙手緊握

拒絕對方。

●指尖在桌上敲打

表示出想要對方結束話題的信號、內心感到焦躁。

●以手碰觸胸口一帶

請求幫助的信號。

或許是在防範你!?

從對方的環胸動作解讀心理狀態的重點

對方雙手環胸時要多加注意？

應該也有人養成這樣的壞習慣：經常在回過神時，發現自己不自覺地雙手環胸。這種無心的動作，其實表現出了內心深處的想法。

在打算接受對方時，會呈現出雙手大開，將對方拉入懷中的姿勢，就如同父母在擁抱自家孩子時的樣子。因此，手或手臂伸向對方時，內心也是敞開的狀態。

另一方面，雙手握拳環胸，則是表現出不想再進一步靠近對方的想法。握拳環胸是自我防衛的代表性姿勢。

如果對方在談話的過程中握拳並雙手環胸，代表他沒有敞開心扉，就算臉上掛著笑容也一樣。

話雖如此，如果是在被問及什麼事情，而「嗯～」地陷入沉思時的環胸，則不在上述的討論範圍內。這時的環胸只是單純為了集中精神。

此外，經常會看到有女性呈現雙臂在胸前交叉，手掌抓住雙臂的姿勢。這個動作並不是代表拒絕，而是在表示不安。藉由觸摸自己的身體來安撫心靈。

一般認為經常環胸的人，通常都是在虛張聲勢，只要遇到關鍵時刻就會表現出一附縮頭烏龜的樣子，讓事情半途而廢。因此，養成這種壞習慣的人，要留意避免做出雙手環胸的動作。

雙手環胸的人，會讓人覺得看起來防備心強，沒有自信。要多加留意這個壞習慣。

「沒有敞開心扉」的信號

自我防備的姿勢

雙手環胸時的內心

雙手朝前大幅敞開時

打算接受對方。

雙手握拳環胸時

拒絕對方。

防備對方。

不希望對方進入自己的地盤。

集中精神思考。

對談話內容沒有興趣。

想要保護自己。

雙手環胸的同時身體往前傾時

對話題感興趣。

認真地傾聽談話內容。

雙臂在胸前交叉，手掌抓住雙臂時

感到某種不安。

抬頭挺胸，在較高的位置環胸時

在展現自己的卓越感。

視線經常接觸時要多加注意

從對方的視線解讀個性和真心的重點

意外深奧的視線接觸

在日常生活中，我們一般都會不經意地對視或轉移視線。不過，在一對一交談時，或是發現迎面而來的是認識的人時，經常會猶豫要什麼時候和對方對視。眼神接觸是人際關係的基本，但卻出乎意料地深奧。

一般來說，經常對視的人是屬於親和動機較強烈的類型。因為總是想著希望和誰待在一起，希望和誰的感情變好，視線交會的次數自然會增加。善於交際的人也因為關心他人，進而增加視線交會次數，注視的時間也會跟著拉長。這些都可以稱為善意的視線。

此外，先轉移視線的人，會給人內向、怯懦的印象，但也不能因此一概而論。畢竟愈是懦弱的人愈是在意對方的想法，於是就愈無法轉移視線。要說的話，隨意地先轉移視線的人，會是比較自我、有自信的人。

有時對方會在談話的過程中，突然轉移視線。這種時候，可以直接認為對方對自己沒有興趣。除此之外，視線左右飄移是表示「不」的信號；東張西望，無法將視線固定在一處，則表示精神沒有集中在對話上。

讓人為難的是，探頭窺視他人的臉，強迫對視的人。這種人大多是別有用心，正等著你的反應，所以要多加留意。

視線經常交會是想要促進感情的信號。但也要小心注意，對方可能別有用心。

利用眼神接觸來了解心情

以視線來得知對方的個性和心情

●眼神經常交會
關心周圍的人。抱有善意地看著你。

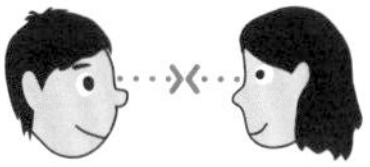

●隨意地先轉移視線
自我且有自信的人。

●對話中突然轉移視線
對你或話題沒有興趣。

●視線左右飄移
拒絕你或你的想法。

●視線無法固定在一處
沒有集中精神在對話上。

●視線往上看
依賴心很強的人。想隱藏自己的情感，但卻想知道你的心情。

●視線往下看
對你抱有優越感。

●低頭往下看
表示害怕、服從。

●眼神不對視
對你沒有興趣、否定性地看待你。

●窺視
別有用心，打算拉攏你。

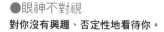

人際關係心理學 18

關鍵在於辨識自我觸摸

從對方接觸自己的行為解讀心理狀態的重點

為什麼會焦躁地觸摸自己呢？

各位在看到可怕的情景或感到焦慮時，如果身旁沒有人，是否會不自覺地抱住自己呢？

像這樣，碰觸自己的手、腳、頭髮及臉部等行為，稱為「自我觸摸」。藉由觸摸自己來獲得安心感。

嬰兒經常舔舐自己的手腳或含著手指，藉由這些動作來進行自我確認並獲得安心感。據說，自我觸摸是這些行為所殘留的習慣。長大成人後，不可能再含著手指，因此會試圖透過觸摸身體，來使自己冷靜下來。

如先前所述，環胸也是自我觸摸的行為之一，以此設法緩和內心的不滿和焦慮。

此外，有時也會看到手指繞著頭髮，或是頻繁地觸摸頭髮的女性，這也是自我觸摸的一種。這類型的人，往往具有依賴心強烈、容易感到寂寞的特徵。

不過，沉浸在自己的世界時，也可能會出現這樣的動作，重點在於要仔細辨識。

然而，當遇到對方在說話時，不斷觸摸自己鼻子周圍的情況，與其看作是自我觸摸，不如視為對方正在試圖隱藏自己的情感。這時請仔細傾聽對方的說話內容，畢竟藉由遮住嘴角，就能讓他人無法解讀自己的表情。

經常自我觸摸的人，往往具有依賴心強烈、容易感到寂寞的特徵。

嬰兒時期殘留的習慣使人獲得安心感

主要是表示不安的信號

雙手抱緊自己。
雙手環胸。
觸摸頭髮。
撫摸臉頰。
手指摸嘴唇。
摩搓脖子。
手掌打開、握拳。
拉扯衣服一端。

主要是表示不滿的信號

雙手握拳環胸。
咬指甲。
撥弄或咬手邊的原子筆。
以手指或原子筆叩叩叩地敲打桌子。
說話時摩搓鼻子。

察覺對方的心情

從對方的身體動作解讀心理狀態的重點

對方刻意隱瞞也能看出「沒興趣」的信號

在談話中，當對方不知為何開始坐立不安，或是多次看向手錶時，可以察覺到對方想結束談話並打道回府。

但也有不少人會壓抑無聊的感覺，耐心地順應話題。如果能夠迅速察覺這類人的心情，並改變話題或地點的話，作為一位仔細留意他人的人，你的評價將會大幅提高。

雖說如此，要注意哪些地方比較好呢？

首先，請各位回想一下自己的學生時代。在對上課內容感到厭倦時，應該會在筆記本上塗鴉或是滾動橡皮擦來打發時間吧？像這樣，開始把玩手邊的物品，或摸眼鏡和手機的行為，就是表示出已經受夠了的信號。

此外，頭部的位置和姿勢也會表達出情感。對話題感興趣時，上身會往前傾，頭也會伸向對方。

但若是對方開始搖晃雙腳，就要多加留意，因為雙腳是最直接表達出情感的部位。當看到對方在聽人說話的時候，雙腳頻繁地交換翹腳、不知道為什麼開始搖晃，或是看起來坐立不安，即代表對方感到很無聊。遇到這種情況時，就要考慮是解散或是設法吸引對方說話。

因為大家都希望可以開口說話，對於一臉無聊的人，最有效的方法就是讓他說話。

頭部傾斜、雙腿向前伸並靠在椅子上等姿勢，都是感到無聊的證據。

分辨「感覺很棒」、「好無聊」的方法

頭的位置與情感的關係

對話題有興趣時

上身往前傾、雙腳往後伸，

臉部伸向說話者的方向。

覺得無聊時

頭往一側傾斜，並低著頭。

臉從說話者的方向往旁邊移。

雙腳往前伸，靠在椅子上。

注意對方的舉止和態度

識破對方謊言的重點

什麼樣的行為舉止會很可疑呢？

「這個人在說謊啊～」有時候會像這樣隱約得知對方說話不誠實。例如面部表情僵硬、總感覺動作不太自然、語氣很奇怪等。

從某個地方表現出，不想被發現的緊張感。

尤其是下述的舉止和態度，請將這些視為可疑的動作和反應。

●過度觸摸臉部

經常揉鼻子、撫摸下巴和臉頰，或是觸摸嘴脣。這是為了避免說出真話的一種下意識動作，以隱藏嘴角的方式來遮掩嘴巴。

●將雙手藏起來

當內心動搖時，手部動作會變得不自然。為了避免接下來被他人看穿，試圖將手插在口袋，或是放在背後。

●心緒不寧，坐立不安

猶豫不決、心神不定地改變姿勢或雙腳頻繁地交換翹腳，表達出了想要快點從這個地方逃走的心情。

●表情和動作不一致

說話的內容和表情不一致，或是動作不協調。例如，臉上擺出笑容，但手卻緊緊地握拳等。

●點頭和眨眼的次數增多

由於害怕對話中斷，為了使談話順利進行，會更頻繁地點頭。此外，說謊的緊張感也會增加眨眼的次數。

●說話不自然

不習慣說謊的人，大多會沒辦法順利進行對談。因為愈是想說出合乎邏輯的話，就愈是焦急，因而說不出話。

此外，也因為滿腦子都想著要順利隱瞞對方，導致應對顯得生硬。

●反應變快或話變多

因為害怕沉默，會不自然地加快反應速度或說話的速度。另外，有時也可能會拚命說個不停，健談到令人覺得怪異。

●做多餘的說明

在沒有人詢問的情況下，卻添加了各種說明。因為不知道該怎麼樣才不會引起懷疑，不自覺就說了太多無關緊要的話。

●話變少

有時會為了避免因為說些不恰當的話而露出馬腳，導致表達能力變得貧乏。還可能會為了不讓人從表情看出端倪，比平常更認真地擺出撲克臉。

一般人說謊，能從上述舉止和態度判別，但對習慣性說謊，可能無法順利地辨識。

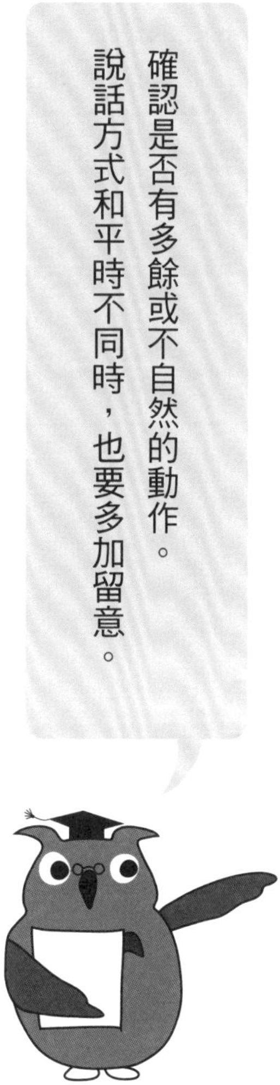
確認是否有多餘或不自然的動作。
說話方式和平時不同時，也要多加留意。

人際關係心理學 21

一句話誇獎自賣自誇的人

與總是在自誇的人相處時的重點

是因為對自己有自信？還是剛好相反呢？

世上有許多人，對於與人交際感到困擾。但如果生活中有鄰居或同事的話，便無法避免與人來往。

例如，到處都會看到這種喜歡自我炫耀的人——

「我以前在紐約工作的時候啊……」

「我認識經常上電視的○○喔！」

一般人應該都沒辦法忍受每次都得聽到這些話。這類人雖然知道說些吹牛的話，會引起他人的厭惡，但因為想要獲得他人的稱讚，還是會忍不住說出口。

人類具有希望獲得他人認可的「自尊慾望」和「承認慾望」。這種慾望得到滿足的人並不會自吹自擂，因為即使不受到他人的稱讚，他們也能肯定自己。

會自誇的人其實是自尊心低，對自己沒有自信的類型。

因此，如果不得到他人的認可，就沒辦法找到自己的生存意義。

此外，還有下述這種喜歡拐彎抹角地炫耀的人。

「哎呀～我兒子要去美國的○○大學留學，學費可不低，真的很讓人煩惱呢！」

明明如果坦率地說：「兒子決定要留學了，好開心！」聽者也會很爽快地回說：「這不是很棒嗎！」

由於自尊心作祟，沒辦法直接地自我吹噓，但還是忍不住想要誇耀自己的幸福。這種人也是屬於內心很空虛的類型。

讚美喜歡自誇的人，滿足其自尊慾望。但不能表示更多，因為對方會得寸進尺。

有自信的人不會自誇

總是在自我炫耀的心理

- 想誇大自己，以得到他人的尊敬
- 希望他人誇獎自己「好厲害」
- 希望自己的能力受到認可
- 想展現自己的幸福，讓他人羨慕自己

應對法

- 將自誇視為自我呈現的一種
- 說一句對方想聽到的話
- 「真厲害呢！」
- 「您的兒子真優秀！」
- 「果然能幹的人就是不一樣！」

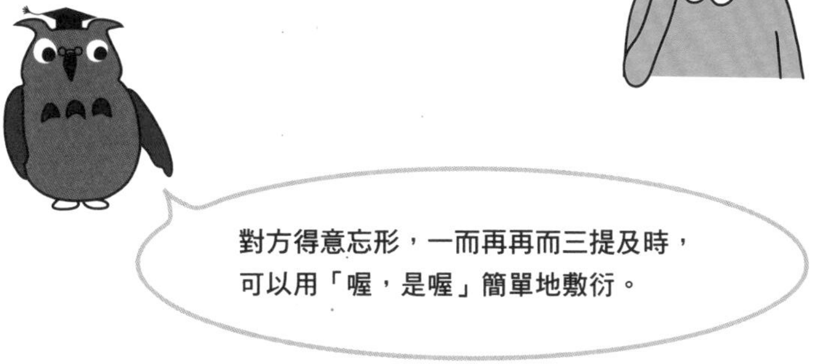
對方得意忘形，一而再再而三提及時，
可以用「喔，是喔」簡單地敷衍。

不可以直接點出錯誤

與不承認自身錯誤的人相處時的重點

因為不承認才能維持心理的平衡

有一種人在自己犯錯時，寧可找各種藉口來搪塞，也絕對不承認自身的錯誤。無論是誰，都很難直接面對自己的不成熟和能力不足。因此，為了保護自己，會不自覺地找藉口。像這種，用以減少、消除自身不愉快情緒的心理活動稱為「心理防衛機制」。

伊索寓言中著名的故事《狐狸與葡萄》就是一個很好的例子。狐狸發現一串結實纍纍，看起來非常美味的葡萄。他本來打算採葡萄，但手卻不夠長，最終只好放棄，並丟下一句：「反正這葡萄一定是酸的。」甩頭離去。

這被稱為是心理防衛機制中的「合理化作用」。在得不到的情況下，告訴自己那不是什麼大不了的東西，以維持心裡的平靜。

此外，還有一種作用是「甜檸檬心理」。明明沒有那種檸檬，卻強硬地堅持表示「是甜的」。舉例來說，如果有人對你表示：「你的車很老舊呢。」你卻謊稱：「那可是老爺車。」以此來提升價值。這就是心理防衛機制的一種。

對於維持心理平靜，心理防衛機制在一定程度上是必要的，但如果作用太過強烈，就會暴露自己的弱點。面對這種人時，直接指出其錯誤只會遭到激烈的反彈。如果花點時間給予「這麼做不是比較好嗎？」之類的建議，對方就會坦率地接受。

會激烈反彈的人，屬於心理防衛機制作用強烈的類型。指出錯誤只會產生反效果。

不自覺地保護自己的內心

不承認自身錯誤的人

以下舉出幾個心理防衛機制的主要作用。

●合理化作用

進行有益於自己的辯解，將自己的行為正當化。常見於優越感強烈的人。

●反向作用

明明很喜歡，卻處處刁難，或實際很討厭，卻假裝熱愛，做出與自身心情相反的行為。

●抑制作用

與刻意壓抑（忍耐）不同，是在自己沒有察覺的情況下，將不滿推入無意識的世界。有時會在夢中或說錯話等時候，說出真心話。

●投射作用

自己心中不愉快的情緒不自己解決，而是轉移到他人身上。例如，考試失利時怪罪題目、失戀時指責對方不忠等。

心理防衛機制是一種正常的心理作用。是所有人都會使用的機制，用來減少、消除罪惡感或自我厭惡等不悅情緒，以維持心裡的平靜。

人際關係心理學 23

不要站上同一個戰場

與推卸責任的人相處時的重點

容易情緒化，難以應付

相信各位都覺得如果只是找藉口是還好，但愛將自己的失敗歸咎於他人的人很難處理。找藉口推託的樣子相當難看，不過本人卻一臉若無其事，而且非但沒有絲毫罪惡感，還將精力都放在推卸責任上，實在是很讓人感到棘手。

遺憾的是，這種人隨處可見。例如，在工作上犯錯時卻表示「都是他的錯，因為他下的指示不明確」、自己沒有遵守截止日期，卻說「是你的錯，因為你安排了這種日程表」等，千錯萬錯都是別人的錯，而且還會將氣出在比自己弱小的人身上。

最好的方式是盡量不要和這種人扯上關係，但遇到事與願違的情況時，就必須冷靜地應對。如果情緒化地嚴加指責的話，對方會進一步強詞奪理或惱羞成怒。這反而會讓自己感到很疲憊，所以不要與這些人站在同一個戰場。

總而言之，可以將不承認錯誤或不願意道歉的人，視為是對自己沒自信的類型。他人只是指出細小的失誤，他們就會覺得整個人格都受到否定，所以才會無論如何都沒辦法坦率地認錯。而且這種人不善於從邏輯面來思考各種事物，很容易感情用事。因此，建議冷靜、條理分明地與之交談，並促使他們回想自己過去的言行。

最重要的是，要讓本人有所自覺「錯的是自己，而不是其他人」。

不道歉的人通常沒自信，容易惱羞成怒。不要與之站在相同戰場，要冷靜講道理。

不要被捲入情感衝突中

推卸責任的心理

- 自己最重要
- 不想承認錯誤
- 不想被認為是沒有價值的人
- 想要盡量使自己合理化

↓

應對法

- 盡可能不扯上關係
- 不要情緒化
- 冷靜地講道理，讓對方察覺到是他自己的責任

假設對方惱羞成怒的話，建議表示「我知道了」，並馬上結束話題。

採取不做任何反應的策略

與喜歡把他人不幸掛在嘴邊的人相處時的重點

陪對方聊他人的不幸令人感到痛苦

生活中經常會聽到人家說：「別人的痛苦就是我的快樂。」喜歡這種流言蜚語的人其實並不在少數。週刊之所以刊登如此多的八卦新聞，電視節目之所以日復一日地報導藝人的醜聞，就是因為有許多人喜歡這些話題。

這些人的內心深處隱藏著的是嫉妒、羨慕以及對人生的不滿。畢竟滿意自己的人生的人，在他人幸福時會願意替對方感到開心。

但若抱持著無法得到滿足的想法，在他人看起來很幸福時，就會覺得自己看起來更加可憐，陷入嫉妒心的泥沼之中。

因此，這些人會散播負面的傳聞，貶低他人，以此作為消遣。對這種人來說，沒有什麼可以比他人的不幸更有滋有味。

事實上，這些人自己也想得到幸福，也想得到大家的喜愛，只好藉由散播流言來消除無法滿足這些慾望的煩躁感。但這只是暫時的，內心很快就會感到空虛，為了填補空虛感，又會開始拚命說人閒話。

最好的方式是與這種人保持距離，如果明顯地將討厭的情緒擺在臉上，可能會因此成為對方的下一個目標，所以推薦採取不做任何反應的策略。沒有反應的對象會讓人覺得無聊，這些人自然會遠離你。

為了避免成為下一個目標，以不做任何反應的策略應對。

不做任何反應是最佳的方式

說人閒話的心理

- 我也想要得到幸福
- 想要受到喜愛
- 想要得到大家的關注
- 與那個人相比，自己的人生好悲慘
- 如果看起來很幸福的那個人變得不幸就好了

應對法

- 保持適當的距離
- 不要明顯地擺出厭惡的表情，或直接表示「不要說那種話」
- 就算別人抓到機會說閒話，也不要做出任何反應

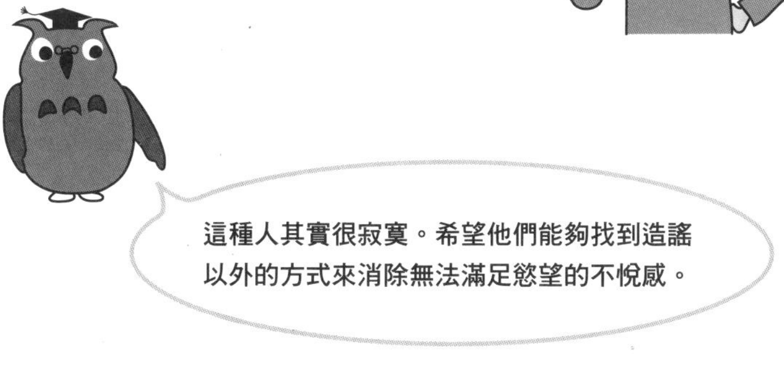
這種人其實很寂寞。希望他們能夠找到造謠以外的方式來消除無法滿足慾望的不悅感。

人際關係心理學 25

順應對方，請他做些麻煩的事

與什麼事都想全權掌握的人相處時的重點

有可以讓本人和周圍的人都滿意的方法嗎？

生活中也經常會看到自顧自地掌控主權的人。例如當有人說起「下次一起吃午餐吧」，他們就會跳出來說「想吃什麼？」、「你去查網路看看附近餐廳的評價」、「你去查查看有沒有優惠券」，不知為何，他自己不動作，卻指揮他人去做。這是因為，如果不成為中心指揮的人，他們就會覺得很不舒服。本人並沒有惡意，只是擅自認為：「不由我來帶頭的話，談話就不會有所進展。」說好聽是富有責任感，說得難聽一點，就是自以為是。

不過當周圍的人厭煩地回以「就算你不說，我也知道要做什麼」之類的話時，他們就會鬧彆扭。對付這類的人最好的方式是順應他們。告訴他們：「你如果能這樣的話，大家都會覺得幫了大忙」讓他們迅速地幫你將事情做好。如此一來，不僅本人覺得滿意，周圍的人也會感到愉悅。

也有人會動不動就「我怎麼樣、我怎麼樣」地出風頭。通常會打斷他人說的話，強加自己的意見，想要他人按照自己的想法來行動。

此外，常常在談話的過程中彰顯自己的知識，表示「那個啊……就是這樣吧」，不這麼做就會不舒服的人也很令人困擾。

這些人很有主見，是相當有自信的人。總是想掌握談話的主導權，沉浸於優越感中。想要得到稱讚、想要受到關注的心情比別人強一倍，可以說是非常孩子氣。

順應對方，不完美也別太計較。如果對方能幫忙做些麻煩事，就皆大歡喜了。

順應並煽動，使其幫忙工作

想要掌握主權的心理

- 抱有奇怪的使命感，覺得自己非做不可
- 想要得到稱讚
- 想要受到關注
- 想要他人認可自己
- 想掌握主導權，比別人占優勢

應對法

- 煽動、利用想要掌握主導權的人
- 愛出風頭的人會很固執、強烈地表示自己的意見。不要附和他，敷衍過去即可
- 善加利用知識淵博的人。只要遇到不懂的事情就發問，他們會很樂意回答

若知識是為了帶給對方快樂就沒關係，
但如果是為了誇耀自己就不太適當。

人際關係心理學26

盡可能保持距離

與老是在抱怨的人相處時的重點

如何逃離抱怨大會？

我們畢竟是人類，偶爾還是會說些炫耀或抱怨的話。如果只是稍微發點牢騷的話，可以相互說一些表示理解共鳴的話，像是「真的很辛苦呢」、「你已經很努力了啦」等，如此一來，對方的心情也會舒暢許多。抱怨是自我揭露的一種，因此，將這個行為視為縮短彼此的距離，增加親近感的好機會，偶爾設身處地地傾聽也不錯。

但如果是滿口抱怨的人呢？若每次見面就馬上開啟抱怨大會，傾聽的那方也會感到吃不消。

無論是誰，都會有一、兩件感到討厭或痛苦的事情，一般都會設法與其和平共處。但總是在抱怨的人，會陷入一種被害妄想中，覺得只有自己過得很辛苦。

而且還會表示：「錯的不是我，是周圍的大家。」將責任推給他人。心中有著無止盡的不滿想法，例如「同事不好」、「主管無能」、「不受到認可」等。完全沒有想過自己也有錯。

跟這種人打交道的話，就連自己都會愈來愈憂鬱。因為人的內心會像回聲一樣地產生共鳴。當對方心情不好時，自己也會變得不高興；如果對方帶著燦爛的笑容來相處，自己也會感到心情愉悅。

如果常常聽他人發牢騷或抱怨，自己的內心也會感到愈來愈暴躁、焦躁。建議盡量保持距離，避免捲入抱怨中。

人的內心會像回聲一樣地產生共鳴。不要成為他人的情緒宣洩口。

單方面地逃避

抱怨有洗滌心靈的作用。

← 如果有人願意傾聽，內心會輕鬆許多。
可以消除壓力。

因此，偶爾的抱怨是沒問題的！

← 設身處地地傾聽，並表示出深有同感。

但經常滿口抱怨的人，
會將他人當作轉移煩躁感的逃避方式！

人際關係心理學 27

與喜歡冷嘲熱諷的人相處時的重點

當對方是個寂寞的可憐人並忽視對方

作為被嘲諷的對象，感到精疲力竭

明明正常地說話就好，但有一種人總是只會用傷害對方的說話方式來表達。

例如，當有人穿得很時髦時，他們會說：「哎呀，人要衣裝，佛要金裝呢！」聽到人家說：「昨天看的DVD真的很好看喔！」他們會說：「居然因為DVD感動，真好打發啊～」等，刻意說些讓對方不高興的話。

這種喜歡冷嘲熱諷的人其實是非常自卑。這些人的內心沒有從容的餘裕，如果不比其他人還要占有優勢的話，就會感到焦慮、喘不過氣，所以會透過輕視對方來提高自己，想辦法維持內心的平衡。

正常人的內心深處都會希望得到稱讚、受到認可。但若是沒有人願意尊重、接受自己，就會感到愈來愈不滿，並向周圍的人吐露惡毒的言語。因為傷害對方的瞬間心情會感到舒暢，導致養成不好的習慣。

若將這樣的人視為寂寞的可憐人，接受並盡量給予讚美的話，對方可能就會慢慢地停止冷嘲熱諷的行為。但若是覺得「怎麼可能讚美他啊！」那就只剩無視對方這條路。此外，笑著反擊：「那是在冷嘲熱諷嗎？」也會有效果。

溝通有問題的人，大部分對自我的評價都很低。由於對自己沒有自信，才想盡可能在他人面前誇大自己，以致於說些或做些多餘的話，導致更加惹人厭。

笑著表示：「那是冷嘲熱諷嗎？」或將對方當作是個寂寞的可憐人並忽視他。

以笑容反擊並充耳不聞能得到效果

冷嘲熱諷之人的內心深處

自卑感、孤獨感、慾望得不到滿足、

煩躁、羨慕、嫉妒

應對法

- 盡可能不要和這種人扯上關係
- 將這樣的人視為孤獨的可憐人，接受並盡量給予讚美
- 以笑容反擊
- 無論對方說什麼都充耳不聞

這類人總是在尋找可以消除自身煩躁感的目標，
因此要小心不要成為對方的標靶。

保持適當的距離，並成熟地相處

與本能上厭惡的人相處時的重點

連自己都不知道原因而感到很困擾

也有對方本身並沒有什麼問題，但不管怎麼樣都無法接受那個人的時候。遇到這種情況時，我們會用「本能上厭惡」這樣的詞彙來說服自己。如果是因為外表而不喜歡，這很容易理解，但為什麼會連個明確的原因都沒有呢？這點就會讓人感到很不舒服。

若試著深入思考討厭的理由，通常都會發現，他們身上也有自己心中那些討人厭的部分。

也就是說，你本能上討厭的人其實和你自己有相似的地方。因為對方展現出連自己都不想承認、下意識壓抑的部分，導致出現排斥反應。

如果認為不可能是這樣的話，就試著好好地想一想，對方是哪裡讓你感到厭惡。這麼一來，連同自己討人厭的部分都能看得一清二楚。因為很痛苦，才會利用「本能上」這種曖昧的詞彙來蒙騙自己，這個行為也可以說是自我防衛的一種。

那個人不是到處都是缺點嗎？只要用坦率的目光重新檢視，應該就能找到對方的優點。因此，不要一開始就拒絕，建議試著從自己開始拉近距離，例如約對方喝酒或吃飯等。畢竟彼此很相似，也許會意外地合得來，成為很好的朋友也說不定。

儘管如此還是沒辦法的話，也不用勉強，保持適當的距離，成熟地相處即可。

或許這個人也擁有自己討人厭的部分。試著重新檢視，沒辦法的話就保持距離。

試著換個角度來看並成熟地相處

與討厭的人相處的方法

想一想為什麼討厭。

嘗試舉出對方的缺點和優點。

優點和缺點是一體兩面，試著從反面來思考，例如「散漫」是「大方」、「小氣」是「節儉」、「固執」是「意志堅決」等。

坦率地認同對方的優點，並有意識地誇獎。

不要從一開始就拒絕，嘗試邀請對方喝酒或吃飯。

試著正向思考，不要輸給這個人的心情，會促使自己成長。

如果無論如何都無法接受的話，就拉開距離，沒有必要去努力喜歡對方。

column

讓自己和周圍的人都感到困擾的情結

舉例來說，聽到某句話後，突然感到震撼不已、內心強烈地動搖或是一陣猛烈地攻擊對方等情況。

你是否曾有過因為受到這種莫名其妙的激動情緒所侵襲，而感到困惑的經驗呢？這就是情結才有的能力。

瑞士心理學家榮格，將情結定義為「根據某種情感而集結，存在於下意識中的心理內容集合體」。

換句話說，情結一般是在不會被注意到的內心深處。當它受到某種情況的刺激時，就會像文章開頭般地引發混亂的狀態。因為是非常強烈的情感，就連自己也無法控制。

形成情結的主要原因是，一般認為是心靈創傷（心理外傷）。心靈創傷是指，因為難以忍受的經歷，而在內心留下無法抹滅的傷痛。

連同隨之而來的憤怒、悲傷、恐懼及不安等複雜的情緒一起封存在潛意識中。如果不這麼做的話，內心就會崩壞，所以這也可以說是一種保護內心的作用。

多虧有這樣的心理防衛機能，我們才得以正常地生活。

Part 2

助你擺脫戀愛白痴稱號的心理學

戀愛心理學29

受異性歡迎的重點

男性是「清爽感」，女性是「保持笑容」

為什麼總是那個人受歡迎？

就算碎念「明明我和他差不多」也不會有什麼事發生。有一種人長得一點都不帥，但不知道為什麼卻很受歡迎，到底是哪一點吸引人呢？

根據一項以日本全國40多歲女性為對象進行的調查顯示，男性的外表中，最受到重視的是「清爽感」。無論是體型不夠完美還是衣裝品味沒那麼好，都可以藉由清爽感來彌補。相較莫名的打扮過度，女性更在意清爽感。

建議以清爽的線條為目標，不要再頂著毛躁亂髮和穿著皺巴巴的襯衫示人。牙齒不乾淨、指甲卡髒汙、飲食方式粗魯等，都是尤其容易扣分的部分，請多加留意。

此外，個性方面會受歡迎的人，大多都是誠實善良、可靠、體貼他人的類型。相對地，言行舉止消極的人、總是在說壞話的人、經常自我吹噓的人、愛慕虛榮的人，通常都不會受到歡迎。為了展現出帥氣的一面，誇大地演示自己的英雄事蹟也不行。喜歡賭博、依賴借錢、有暴力傾向等就更不用說了。

那女性又是如何呢？令人討厭的類型是蠻橫的人、既自我中心又缺乏同理心的人、沒有禮貌的人、常識不足的人等。換言之，作為一個人，沒有魅力是不行的。

另一方面，說起受歡迎的女性，那就是無論遇到什麼事都面帶笑容的人。不管是在上班上還是在私底下，都受歡迎的是總是一臉開心地笑著聽對方說話的人。只是這樣就會受到歡迎，所以當然應該要這麼做！

女性最重視「男性的清爽感」。
女性則是「總是面帶笑容」最受歡迎。

受歡迎、不受歡迎的祕密就在這裡

訪問日本全國4,500位
年齡介於20歲～49歲的女性

①「受歡迎的男性」有什麼特徵？

將女性的類型分為 6 種（省略詳細內容），調查喜歡男性的外表類型。結果顯示，不論是哪種類型，最多人選擇的都是「清爽感」。

第1名　「清爽感」

第2名 以下　「帥氣」、「高個子」、「皮膚好」、「時髦」、「肌肉發達」等，根據類型的不同，排名也會有所差異。

②「不受歡迎的男性」有什麼特徵？

「缺乏清爽感」的詳細原因

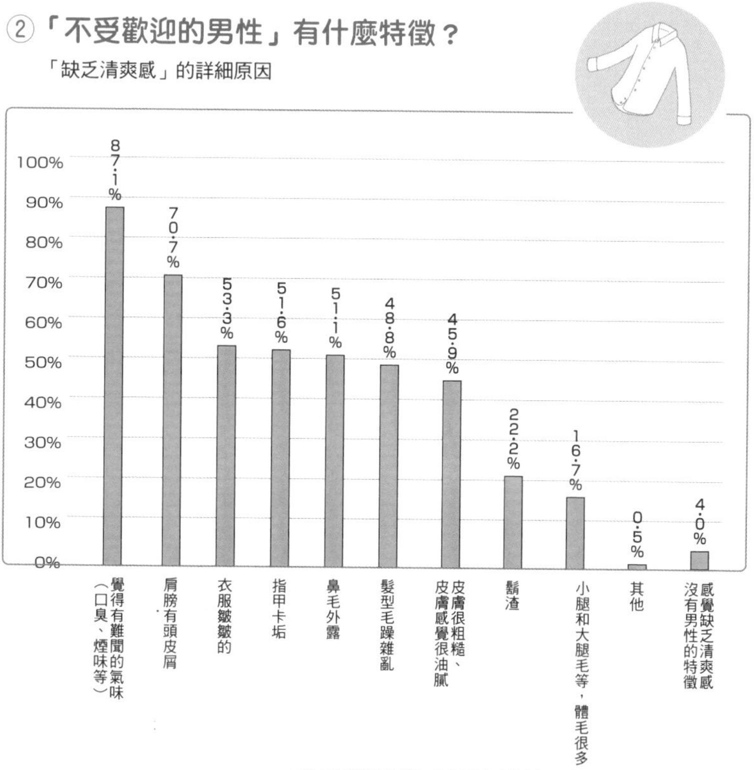

出處：以「受歡迎的男性」為主題的網路調查（2019年，NEO MARKETING Inc.）

戀愛心理學30

選擇結婚對象的重點

注意不要太過於重視外表

男性為何會認為漂亮的人品行也很好呢？

無論是誰都喜歡漂亮的事物。當眼前出現美麗的事物時，會想要將之收入囊中是人之常情。因此，帥哥和美女當然很受到歡迎。

其中，男性往往更重視外貌。因為只要身邊帶著美女，就會引起大家的羨慕，讓人覺得很有優越感。而且可以與這樣的美人成為情侶，會讓人抱有自己充滿男性魅力的自信，也能藉此吸引他人的注意。這種心態與炫耀名牌的女性類似。

外表亮麗的話，就會覺得內在也很好，這就是所謂的包裝效應，因此長得好看才會愈來愈受歡迎。

然而，這個包裝效應其實很可疑。「外表出眾＝個性好」並非絕對，只是我們擅自如此認為，所以經常會出現「不應該是這樣啊」的情況。外貌和內在迥異是很常見的事，其中，在對方是俊男美女的情況下，落差感會尤其強烈。如果本人對自己受歡迎這件事感到自滿，就又更是如此。

如上所述，容貌姣好並非一定會很受歡迎。照理說，相較一般人邂逅的機會會比較多，但是否能善用這些機會，則取決於內涵。

根據統計，男性與女性在尋找結婚對象的條件中，第1到第3名都是相同的，分別是「個性合得來」、「體貼」與「誠實（不外遇）」。從第4名以後，男女的想法則開始出現差異。

男女都希望對方是個體貼、誠實、個性與自己合得來的人。

男女對結婚的要求

男性對結婚對象的希望條件前10名

第1名	**個性合得來**
第2名	體貼
第3名	誠實（不外遇）
第4名	人生觀相同
第5名	容貌
第6名	身體的契合度
第7名	家事能力
第8名	包容能力
第9名	是否理解自己的工作
第10名	年齡

女性對結婚對象的希望條件前10名

第1名	**個性合得來**
第2名	體貼
第3名	誠實（不外遇）
第4名	收入
第5名	包容能力
第6名	人生觀相同
第7名	飲食喜好相同
第8名	容貌
第9名	幽默感
第10名	年齡

出處：《マイナビウーマン》（2017年3月的網站調查結果）

傳達出發自內心的善意

使在意的人回頭看向自己的重點

要怎麼做才能讓對方對自己有好感呢？

想讓在意的對象回頭看向自己——這種時候要怎麼做比較好呢？

不必運用什麼特別技巧，無論是誰，只要有人對自己表示善意，都會感到心情愉悅，而且自己也會想要回報對方相同的善意，也就是說，最好的方式是利用「善意的互惠性」，「表現出發自內心的善意」。

這種善意的互惠性在朋友關係和工作方面上都能達到效果，其中，在戀愛方面發揮出的力量尤其顯著。

美國心理學家艾倫做了以下的調查，進而證實了這點。他以在過去8個月內陷入愛河的大學生為對象，詢問他們：「第一次對對方感到心動是什麼時候？」

結果，竟然有90％的人回答「對方對自己表示善意的時候」。其次，有78％的人回答「對方身上具有自己的理想特徵時」，例如可愛、溫柔等。也就是說，大部分的愛情，都是從表示善意開始的。

如果沒有勇氣告白，告訴對方「我喜歡你」的話，試著向對方提出邀約如何？例如「週末要不要一起吃飯呢？」、「下次要不要一起去看電影呢？」等。照理說，儘管起初沒有什麼想法，但只要接收到善意，對方就會開始注意到你。此外，讓朋友幫忙傳達「他好像真的很喜歡你」也會顯現出效果。光是等待的話，是很難抓住戀情的，首先，由自己主動踏出第一步吧！

有九成的戀愛都是從接收到善意開始的。只要傳達出善意，對方也會回報善意。

表示出善意，對方就會回過頭來

戀情是從這種時候開始的

可愛、聰明、男子氣概等，
他身上有某個吸引我的地方。

對方向自己告白，或是從他人口中
得知對方對自己抱有好感。

偶爾兩人獨處，或是因為某種原因拉近彼此距離時，會感到心跳加速。

失戀或是因為某事
感到沮喪時相遇。

覺得對方的舉止、表情、視線
或聲音等很有魅力。

戀愛心理學32

提高戀情成功機率的重點

盡可能靠近並增加接觸點

遠距離戀愛很難維持？

現在有許多相親會或婚姻介紹所，但如果試著從關於與伴侶相識契機的問卷調查來看，大約有七成都是回答「透過朋友、兄弟姊妹」、「職場或工作」以及「學校」。由此可知，有很多例子都是與身邊的人戀愛、結婚。

這在心理學上稱為「接近性因素」，目前已經得知，人對於愈是靠近自己的人，愈容易抱有好感。美國心理學家博薩德曾針對男女之間的物理距離和心理距離的關係進行調查。

其以5000對已婚夫婦為對象，調查訂婚後的住處距離。結果顯示，在決定結婚時，12%的情侶已經同居；三分之一的情侶的住處距離在半徑5個街區以內。同時也得知，兩人的距離愈遠，走到結婚這一步的機率反而愈小。一般稱之為「博薩德法則」。

如上所述，物理距離與心理距離有著密切的關係。遠距離戀愛之所以總是不順利，一般認為是因為想見面但卻沒辦法馬上見到面，而且為了見面需要花費金錢和時間，心理報酬也會減少。

所謂的心理報酬是指安全感、滿足感、喜悅感、舒適感及安穩感等，距離愈近，就能得到愈多報酬。因此，重點在於，為了與對方變得親近，要盡可能接近對方，並要有大量的接觸點。

近距離會提高求婚的機率，因為心理得到滿足的次數較多。

愈是「靠近」求婚的機率也會愈高

Q. 是在哪裡認識的？大多是在周邊附近

- 透過朋友、兄弟或姊妹／29.7%
- 職場或工作上／29.3%
- 學校／11.9%
- 餐與同好會、俱樂部、才藝班／5.5%
- 街上或旅行地點／5.1%
- 打工／4.2%
- 青梅竹馬、鄰居／2.4%
- 相親／5.2%
- 其他／6.7%

※國立社會保障・人口問題研究所　2010年

遠距離戀愛時的分手理由排行榜

第1名	內心不相通	第5名	開銷大
第2名	無法見面覺得很寂寞	第6名	覺得頻繁聯絡很麻煩
第3名	有其他喜歡的人	第7名	女友外遇
第4名	男友外遇	第8名	太過束縛

※NTTドコモ「みんなの声」2012年7月

心理報酬有以下幾種

愛情　金錢　物品

資訊　服務　地位

與喜歡的人見面時，就能得到安穩感和喜悅感。這也是心理報酬的一種。

戀愛心理學 33

一再見面就會喜歡上!?

讓在意對象更關注自己的重點

如何大幅提高在意對象對自己的關心程度？

除了「善意的互惠性」、「接近性因素」，還有一個可以讓對方轉頭看向自己，效果非常顯著方法，也就是「多次見面」。這個方法非常地單純，但只要見面愈多次就會感到愈親切，好感度自然也會上升。這個現象稱為「單純曝光效應」。

在與不認識的人見面時一般都會覺得緊張，但如果對方是見了很多次面的人，由於可以預測對方會有什麼樣的言行舉止，警戒心相對也比較低。這種由安心感轉變的親近感，順利的話，最後就會發展成戀情。

在電影等地方中，經常會看到意外相識的兩人，在一次又一次的偶然中墜入愛河的故事。「在一再相見的過程中喜歡上對方」這部分，合乎人類的心理現象。

美國心理學家扎榮茨準備了人像照片，每張照片分別依照1次、5次、10次、25次的次數讓大學生觀看，並調查學生對各照片人物的好感度。結果顯示，對照片人物的好感度與觀看次數成正比，次數愈多就愈高。

生活中經常會出現在電視和網路上反覆看到同一個廣告後，開始想要那個商品，或是在不知不覺中愛上廣告歌等情況。這都可以說是單純曝光效應。

不過，如果第一印象不好的話，就不能指望會產生單純曝光效應。而且反而還可能會面臨被討厭的危機，因此，在這種情況下，首先應該設法改變形象。

根據一再見面後而喜歡上的「單純曝光效應」，增加見面的機會吧！

一再見面後很容易就會喜歡上對方

扎榮茨的實驗

1 在畢業紀念冊中選擇12張照片。

2 隨機讓大學生觀看其中10張人像照。

3 觀看次數隨著照片而不同，分別是1次、5次、10次、25次。

結果顯示，無論外貌如何，觀看次數愈多，
對照片人物的好感度就愈高。

單純曝光效應

- 接觸的次數增加地愈多，好感度就愈高。
- 警戒心降低→產生親近感→抱有好感。
- 即使見面時間短暫，一再見面也比偶爾長時間的見面更有效果。
- 但第一印象不好的情況會造成反效果。遇到這種情況時，要先從改變形象開始。

持續提升自己

得以與更具魅力的對象交往的重點

會將注意力轉移到相似對象的原因？

如同經常會聽到人家在說夫妻的性格很像，或是好朋友個性一樣，人往往會喜歡與自己相似的人。不只是男女之間，也可以用在朋友之間。

美國心理學家費斯廷格針對如何建立人際關係，對搬進大學宿舍的學生，進行6個月的追蹤調查。結果顯示，最初由於「接近性因素」的關係，會與房間在附近的人變得親密，但漸漸地會更親近於思考方式、愛好或興趣等相近的人。這個現象在心理學上稱為「相似性因素」。

男女之間也經常會選擇想法、個性及興趣相似的人。因為容易理解對方的想法和行為，相互提出的意見也比較不會分歧，自然就不會產生太大的壓力。

另外，觀察一下路上的情侶，會發現大部分人都會和差不多的人在一起，很少會出現像「美女與野獸」這樣的組合，大多都是俊男配美女。一定有很多人希望可以和超級帥哥或是絕世美女成為情侶，但他們會因為「對方不會接受我」或「絕對會被甩」的心理作用，下意識選擇與自己相稱的對象。這個現象稱為「配對假說」。

如上所述，外表程度和內在都相似的人，有很高的機率會成為情侶。所以愈是努力提升自己，就愈能與更具魅力的對象交往。

人會下意識選擇與自己相稱的對象，避免抱有太高的期望。

相似會讓人安心，進而感到喜愛

相似性因素

人會喜歡與自己相似的人。

思考
個性
喜好
價值觀
生活感受
金錢觀念

只要以上幾點相似的話，彼此之間會更容易理解，更容易抱有好感。

配對假說

人會選擇與自己相稱的人。

很少會看到這樣的組合。

←

美女和野獸
帥哥和醜女

害怕被長得比自己好看的人拒絕，自尊心受到傷害。

自尊心不允許對方比自己還要沒有魅力。

←

選擇魅力程度與自己相同的人

戀愛心理學35

引起在意對象興趣的重點1

讓對方覺得自己很難得手

就算受到反對仍然墜入情網？

愛是一種很不可思議的感情，遇到的阻礙愈多愛就愈是熱烈。著名的《羅密歐與茱麗葉》就是因為雙方家族的反對，最終迎來悲劇。但假設沒有遭到反對的話，17歲和13歲的青澀戀情可能就會在當下草草結束。

心理學家德里斯科爾，以140對情侶為對象進行問卷調查。結果顯示，相較一般情侶，戀情中遇到阻礙的情侶，例如父母反對或是宗教差異等，彼此的感情會更為熱烈，這個現象稱為「羅密歐與茱麗葉效應」。由於兩人相互扶持，為了克服阻礙而努力，戀愛之情才會愈加濃烈。

但從心理學的角度來看，一般認為其中還有一個心理效應產生了很大的作用，即所謂的「心理抗拒理論（反抗）」。人在自由受到束縛，或沒有選擇的餘地時，反而會固執己見。舉例來說，明明原本並沒有那麼想要，但在聽到「售完」後，就會後悔地想說「什麼？早知道就先買了」。

當在被禁止做什麼事時，就會更想嘗試去做那件事也是「心理抗拒理論」所產生的作用。因此，阻礙愈多，反抗（抗拒）就會愈強烈，愛情也會愈濃烈。畢竟比起隨手可得的東西，難以入手的更具魅力。

因此，在對方不願回頭看向自己時，不要緊追不捨，應該要主動拉開距離。對方一旦覺得自己很難得手，就會感興趣地追上來。

反對和妨礙是激發愛情的最大因素。讓人覺得自己很難得手也是一種方法。

讓自己看起來不好得手的方法很有效

心理抗拒理論

人在感到自由即將受到剝奪時，反而會更加執著於自由。

阻礙愈多戀情愈濃烈。

當有人對自己說不可以偷看，就愈會忍不住去偷看。

聽到只剩1個，就會湧起想買的慾望。

聽到酒漬葡萄乾賣光了，就會變得很想吃酒漬葡萄乾。

當有人說不可以做，就更想去做。

戀愛心理學36

引起在意對象興趣的重點2

擁有與在意對象不同的特點

窈窕纖細的女性為什麼會喜歡強壯的男性？

人會喜歡與自己相似的人，但如果對方擁有自己所沒有的特點，也會因此受到吸引。舉例來說，體格健壯的運動員通常都很受歡迎，因為女性會被自己所沒有的強壯和男子氣概所吸引。

另一方面，相較男孩子氣的女性或積極的職業女性，男性往往更容易傾心於帶著溫柔氛圍的大小姐類型。而且比起褲裝和平底鞋，有女人味的洋裝和高跟鞋更具吸引力，也是因為這些都是女性氣質的象徵。

一般認為男性之所以偏愛大胸部的女性，是為了將基因留給看起來生育力高的女性，但也有人認為，這個現象是心理上的作用，目的是想要追求自己所沒有的特徵。

美國心理學家溫奇調查25對夫婦的契合度。結果顯示，性格完全相反的夫婦，感情比個性相似的夫婦還要好。

例如，如果一方是主導者，另一方就是順從者；如果一方喜歡照顧人，另一方喜歡被照顧等情況。為了過上幸福的婚姻生活，重點在於要互相補足彼此缺乏的部分。這就是所謂的「互補性」。最初重要的是「相似性」，但隨著關係逐漸加深，「互補性」會發揮出很大的作用。一開始對於類型與自己不同的人，很容易覺得相互不太協調，但在雙方的關係愈來愈熟悉後，對方就會成為良好的刺激，讓人可以更樂觀、積極。

也要向類型與自己不同的人敞開心扉。

重點在於展現出男子氣概、女性氣質

若對方擁有自身缺乏或沒有的特點，就會受到吸引

塞佛瑞與亨德里克的實驗

調查男學生和女學生的男性與女性氣質，並詢問這些人對以下哪種人抱有好感。

1 男性傾向較強的男性

2 女性傾向較強的男性

3 女性傾向較強的女性

4 男性傾向較強的女性

無論是誰都對1的男性傾向較強的男性、3的女性傾向較強的女性抱有好感。

其中，無論男女，好感度最高的是1的男性傾向較強的男性。

相對的，好感度最低的是2女性傾向較強的男性，尤其是在女性中，這類人的評價相對來說非常差。

結論

●女性喜歡強壯的男性

●男性喜歡有女人味的女性

●嚮往自己所沒有的特點！

建立互補的關係

與交往對象加深感情的重點

為什麼交往後很快就分手？

墜入愛河後，會過著一小段朦朧迷幻的日子，這就好比在情緒高漲的情況下，會覺得世界很刺激的情況。但隨著這種感情逐漸消失，突然恢復理智後，就到了離別的時候。反覆這種行為的人，說好聽是多情，但其實也有可悲的部分。為什麼戀情無法長久呢？

心理學家默斯特因曾表示，要加深兩人之間的愛，必須要有以下3個要素。

①第一階段　刺激（Stimulus）
相遇瞬間的魅力。

②第二階段　價值觀（Value）
想法和價值觀相似。

③第三階段　角色（Role）
相互補足各自缺乏的部分。

人們取每一階段的首字母，稱其為「SVR理論」。從S到V再進入R，一般認為經歷這3個階段後，愛情會就會加深。剛開始時，刺激會發揮出重要的作用。這個階段主要是外表的魅力，例如對方的長相、風格、服裝、表情、舉止和社會地位等。接著是愛好、意見、興趣、人生觀、生活態度等是否相似。而且為了進一步加深雙方之間的愛情，R的互補性會顯得格外地重要。

光是堅持自我無法順利維持關係。藉由提供對方沒有的部分，使齒輪交互密合，從而進一步形成穩固的關係。

受到外貌吸引，並找到共通點後，只要成為互補的關係，就能使愛更加濃烈。

相互互補是維持戀愛關係的訣竅

戀愛的SVR理論

戀愛初期的重點 S（刺激）

主要注重的是外表的魅力，為愛情的開始。

戀愛中期的重點 V（價值觀）

想法和喜好相似會讓人感到安心，有助於相互理解，關係也就能順利發展。

朝著結婚前進的重點 R（角色）

巧妙地接受對方的要求，如同投手和捕手般相互發揮各自的作用，就能建造出穩定的關係。

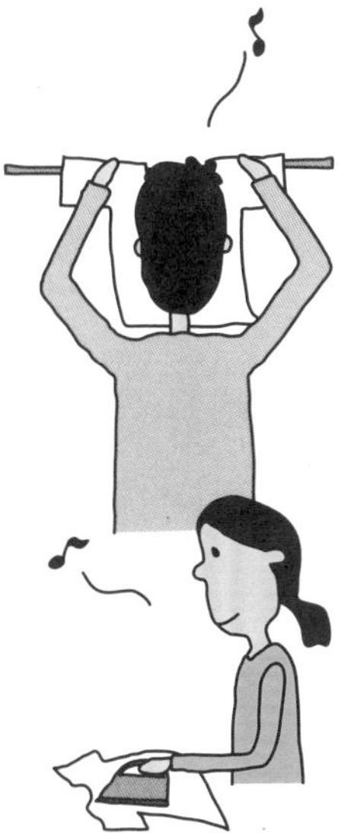

戀愛無法維持下去時

回顧自己以往的戀愛模式，試著依照以下的內容進行確認。

☆是否只注重外表。
☆是否只追求眼前的快樂。
☆雙方價值觀是否合得來。
☆是否認真地傾聽對方說的話。
☆談話是否愉快。
☆是否有好好履行自己的責任。
☆角色的契合度是否良好。

戀愛心理學38

坦率接受他人的善意

抓住新戀情機會的重點

否定自己很痛苦……

失戀的時候，一點善意就會讓人感到難以忘懷。由於自尊心受到傷害，自我評價大幅下降，可能會突然對至今都沒注意到的人產生好感。而且在失戀後感到焦慮和寂寞，強烈需要有人來支持自己的情況下，很容易就墜入新的戀情。

心理學家霍斯特以女學生為對象，調查了自我評價的高低，對於對方的好感度會產生什麼樣的影響。結果發現，比起自我評價高的人，自我評價處於較低狀態的人，對邀請其約會的男性會更有好感。

當自我評價降低時，他人看起來會比平時更完美。此外，會因為對方「認同並邀請如此糟糕的自己」而感到心動，很容易就會產生好感。這個現象稱為「善意的自尊理論」。

那在自信滿滿的時候，又會如何呢？

在具有高自我評價的情況下，能夠積極地接近他人。充滿自信的表情和行為在周圍的人眼裡也具有很大的魅力。但因為自我評價高，尋找對象時的要求理所當然也會比較多。因此，很難遇到自己能夠接受的對象。也就是說，戀愛的機會相對上會減少。

這麼一想的話，就會覺得失戀也不全是壞事。下一段戀情正在等待著自己，讓我們重振起鼓，繼續往前邁進吧！

機會總是會到來。坦率地接受他人善意的現在，正是戀情開始的時候。

下一段戀情就在不遠處

失戀後容易墜入戀情

失戀

↓

寂寞、不安。

想要緊抱著某個人。

沒有自信。

↓

相對地，對他人的評價上升。

↓

受到溫柔對待後，感謝之情會比平時還強烈。

↓

對於對方容易抱有好感。

同時也很容易會接受對方的善意。

↓

墜入新的戀情。

失戀時當然可以盡情大哭，但很快就會邂逅下一段戀情，所以要積極思考，將一切當作人生的經驗。

戀愛心理學39

選擇陰暗狹窄的場所

在聯誼或約會時提高雙方親密度的重點

雖然想要仔細觀看喜歡對象的臉……

如果想讓聯誼活動更熱絡，最重要的是地點的選擇。在第一次見面時，或許會想要在明亮的地方仔細觀看對方的長相，確定是否符合自己的喜好，但其實在陰暗的店面舉行的話，談話會更為頻繁融洽。

會這麼說，是因為在光線較微弱的情況下，比較不會那麼在意對方的視線，而且還能夠隱藏自己的缺點，讓人感到很安心，同時精神上的放鬆感，也會使警戒心降低。

美國心理學家格根進行以下的實驗，證明了上述的現象。格根將男女分成兩組，引導其中一組進入光線明亮的房間，另一組則是前往光線昏暗的房間。結果發現，位於明亮房間的組別，在談話的過程中，男女之間一直保持著距離，沒有任何的接觸；而在昏暗房間的組別，男女之間的距離逐漸縮短，不僅身體上有接觸，甚至還能看到他們相互擁抱的樣子。

換句話說，在昏暗的環境中，自然就會表現出毫無防備的樣子，朝著自我呈現發展，使彼此更容易產生好感。如果是狹小的房間，因為「接近性因素」，物理距離愈近，心理距離就會愈小，效果上會更加顯著。

約會時也推薦選擇具有陰暗效果的地方。例如，燈光昏暗的酒吧吧台座位，或是搖曳燭光的餐廳，都能提高親密度。其中，水族館帶來的效果意外地優秀。尤其是光線較為昏暗的深海區，相當適合約會。相信在肩並肩看著對方的過程中，兩人的距離也會不斷地縮小。

光線昏暗會促使人放鬆警惕；如果是在狹窄的地方，心理上的距離也會比較近。

與異性相處時的NG話題和態度

在聯誼活動要避開這類話題

- 家族社會地位的高低
- 提到與自己或對方素不相識的他人
- 最近的經濟動向
- 最近國內、外的政治動向
- 理想的戀人和結婚對象
- 對方沒興趣的難懂話題
- 過去的戀愛話題
- 其他過去的回憶
- 年輕時做的壞事、蠢事
- 深入工作的話題
- 下流的話題
- 太過展現自我、自誇
- 年收入和存款等的金錢話題
- 抱怨
- 前任戀人或其他人的壞話

——等。

這種態度會讓人感到不悅，要多加留意

- 吃相不好看
- 不太聽人說話
- 都是自己在講話
- 幾乎不講話
- 一直在玩手機
- 酒品不好
- 態度傲慢
- 態度不配合
- 表現出很無聊的樣子
- 對金錢斤斤計較或不付錢

戀愛心理學40

掌握告白時機的重點

在認識後的3個月內告白

什麼時候告白比較好？

各位是否有過這樣的難受經驗呢？猶豫了很久終於鼓起勇氣告白，但結果卻讓人大受打擊……

但因為一次的告白失敗就放棄還為時過早。因為被告白的對象，在對告白感到驚訝並拒絕的同時，內心也會出現微妙的變化。請回想一下先前介紹過的「善意的互惠性」。如果對方說喜歡我，自己的內心也會逐漸產生這樣的心情。

或許只是時機不太對而已，也可能是你的真心沒有傳達給對方。因此，稍微放置一小段時間後，再試著推一把看看。為了不要在感情上咄咄逼人，請保持適當的距離，檢視過去哪一部分沒做好，使自己更具魅力後，再次嘗試挑戰。無論做什麼事，時機都很重要。

那最佳的告白時機是什麼時候呢？社會心理學家栗林克匡針對大學生的告白時機進行調查後發現，在認識3個月內告白的成功率最高。畢竟那是感情最投入的時期。由此可知，成功的祕訣在於，在氣勢最盛的時候一鼓作氣進攻。

相反地，成功率最低的是經過1年後才告白，應該是因為太過拖拖拉拉（？）的關係。時間上，比起白天，更推薦傍晚到晚上。

也有在告白後才產生的戀情。在認識的3個月內告白，成功率較高。

告白成功要在3個月內、傍晚時分

Q. 告白成功和失敗的關鍵是？

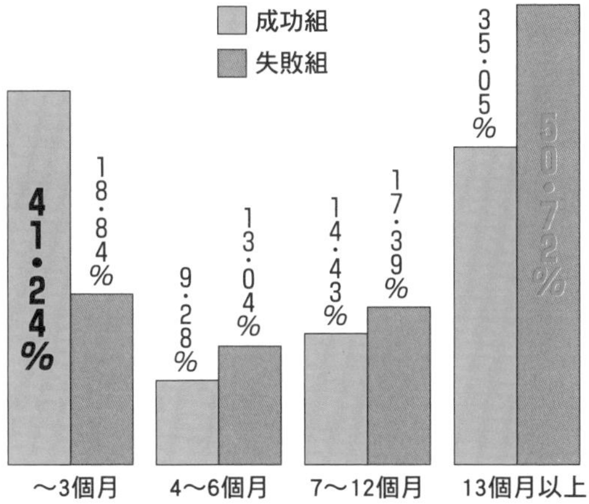

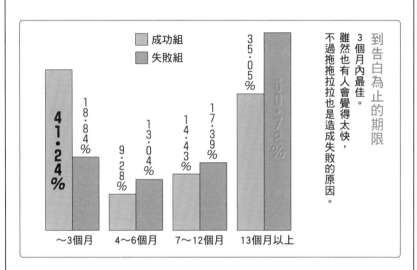

到告白為止的期限

3個月內最佳。

雖然也有人會覺得太快，不過拖拖拉拉也是造成失敗的原因。

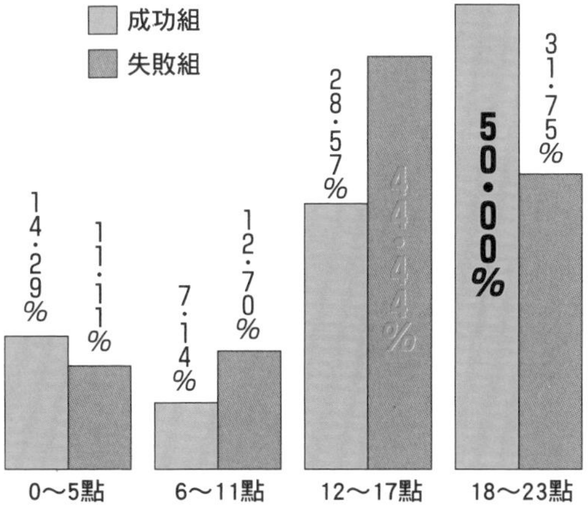

告白的時間段

晚上6點～11點的成功率較高。

從夜幕降臨到進入夜晚的時候，心情上會覺得更加浪漫。

※數值是成功組或失敗組中的比例　※栗林克匡　2004年

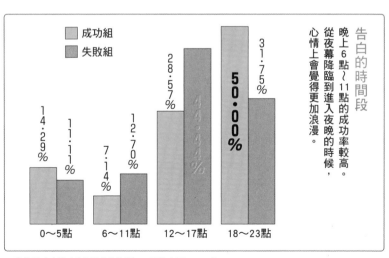

戀愛心理學41

「想要撒嬌」時就穿粉紅色的衣服

以衣服的顏色展現心情的重點

什麼樣的顏色會傳達出戀慕之情？

顏色會傳達出各種訊息。例如，光是將路燈的顏色從橘色換成藍色就能抑制犯罪。這個發現在當時造成話題，至今我仍記憶猶新。藍色具有鎮定作用，能使內心平靜下來，因此一般認為可以控制衝動行為和減少犯罪。

相反地，紅色具有興奮作用，實際看到紅色時，腎上腺素的分泌會更為旺盛。所以才會有很多女性將紅色衣服作為決勝負的戰鬥服。

像這樣只要善用色彩具有的形象或心理效果，就能為自己留下好印象，也能輕鬆向對方傳達想法。

例如，橘色代表快樂和喜悅。約會穿橘色的衣服，就能傳達出「能見到你我很開心」的訊息以及開心不已的心情。對方也會因此感到愉悅，促使彼此交談更熱絡。粉紅色則表示「請溫柔對待我」的心情，非常適合想要撒嬌的時候。男性看到穿著粉紅色衣服的女朋友，自然就會覺得「想要保護她」。因此，考慮當天自己想要展現的部分，選擇適合的顏色，如此一來，溝通上一定會更為順利。

瑞士心理學家呂舍爾針對從8個顏色中，自由選擇自己喜歡的卡牌反覆進行實驗，並創造了個人的色彩心理測驗。各位可以將之作為了解自身個性和心理的一個根據。

「快樂」是橘色，「想要撒嬌」是粉紅色。
透過喜歡的顏色，也能了解個性。

顏色表示的訊息和個性

呂舍爾的色彩心理測驗

紅　**「看著我」、「我很好」**

喜歡紅色的人精力充沛，物慾和榮譽感很強，所以會積極地爭取。具有攻擊性的一面，但原則上是開朗的樂天派。

藍　**「放下心來」、「我很聰明」**

喜歡藍色的人具有平靜、穩重，以及老實、總是為人著想的個性。大多是對工作和學習都很有熱忱的優等生，但也經常會封閉在自己的世界中。

黃　**「開開心心地進行吧」、「我很開朗」**

喜歡黃色的人具有開朗活潑、天真浪漫的個性。喜歡變化，是追求夢想的大野心家。才華洋溢，但也有想受人注目和自我中心的一面。

綠　**「友好相處吧」、「我很親切」**

喜歡綠色的人自尊心高，對自己很有自信，而且很可靠、擅長忍耐。具有體貼他人不可或缺的穩重性格，但也有固執的一面。

咖啡　**「看著我」、「我很好」**

喜歡咖啡色的人具有協調能力，擅長與人相處。個性正直，能溫柔地包容他人。可靠穩重，但也有保守，害怕改變的一面。

紫　**「我和其他人不一樣」、「我很高尚」**

紫色是由熱情的紅色和冷靜沉著的藍色所混合而成的顏色。喜歡紫色的人具有兩種性質，是纖細且感性的浪漫主義者。很有個性，但也有其自戀的一面。

黑　**「照我說的」、「我是正確的」**

喜歡黑色的人很自傲，有自己的想法。為了追求理想，會努力改變現狀。聰明歸聰明，但也有容易厭倦，缺乏協調能力的一面。

白　**「服從你」、「我既正直又誠實」**

喜歡白色的人，個性坦率、誠實。意志堅定，喜歡簡單、樸素的東西。充滿奉獻精神，但也有秉持完美主義，嚴格待人的一面。

戀愛心理學42

仔細觀察對方的表情、舉止

抓住「喜歡你」信號的重點

要從何得知愛情萌芽？

愈想知道在意對象的心情，就愈要仔細觀察對方的舉止和表情（非語言溝通）。相較言語，不自覺的動作更能表現出對方的真心。

通常，對方愈是有好感，非語言溝通就愈是頻繁。舉例來說，對於不喜歡的人，一般不會盯著他的眼睛，但如果是喜歡的對象，就會三番兩次地不由自主地盯著對方看。也就是說，感覺視線交會的次數比以往還多時，就表示有機會。

此外，身體接觸也會增加。如果女性開始頻繁地接觸，就代表是她對自己有好感。反之，男性主動碰觸女性基本上是NG的，女性討厭來自交往對象以外之男性的身體接觸。

除此之外，兩人的距離比以前更近、總是面帶微笑認真地聽自己說話、清楚記住自己說過的話、談論私事的機會增加、對話量增多等，都是愛情萌芽的信號。

試著進一步仔細觀察對方的眼睛。根據心理學家赫斯和博爾特的實驗可得知，人在看到自己喜歡的事物時，瞳孔會放大。換句話說，黑眼球會變得比較明顯。

有一首歌叫做《Can't Take My Eyes Off You》，意為無法將視線從你身上移開。事實上，因為看著戀人的時候瞳孔會放大，女性看起來會比平時還要可愛。

視線經常交會、距離拉近、觸碰的機會增加、黑眼球明顯，一直盯著看。

與其說出口不如傳達出「喜歡」

這是有機會的信號！

視線經常交會，對方有時會一直盯著自己。

對方的黑眼球很明顯。

坐的位置比以前還要靠近。

身體接觸很多。

相談甚歡、訊息的文字很多、回訊息很快。

對方想要知道更多有關自己的事。

經常願意和自己談論私事和失敗的經驗。

總是笑著聽自己說話。

戀愛心理學 43

前往充滿緊張感，讓人心跳加速的地方

選擇約會場所的重點

戀情始於將緊張刺激誤認為心動？

如之前所述，在昏暗的地方約會可以消除警戒心，具有縮短兩人距離的效果。此外，我也推薦在會讓人心跳加速的地方約會。

因為人有時會將生理上的心跳加速，誤認為是對身邊的人產生戀愛方面的心動。

加拿大心理學家唐納達頓和阿倫分別在架設於深谷中，高度70公尺，令人頭暈目眩、搖搖晃晃的吊橋，以及高3公尺的固定式橋梁上進行實驗。調查相同的女學生對渡過兩座橋的青年搭話時，根據穿越橋梁的不同，對女學生的好感度會產生什麼樣的影響。

結果顯示，相較固定橋梁，穿越吊橋的男性對女學生表達好感的機率，竟然高了4倍之多。

在渡過位於高處的搖晃吊橋時，會因為恐懼感到心跳加速。單純只是生理上的興奮，但卻誤認為是因為女學生很有魅力，才會感到心跳加速。這種現象稱為「基本歸因謬誤」。

也就是說，在充滿緊張感或興奮感的地方約會的話，很容易就會墜入愛河。在迪士尼樂園這類主題樂園裡，雲霄飛車也很好，但最佳的選擇是搭乘兩人座車朝著鬼屋前進。當在黑暗、恐懼的時候，親和動機會提高，親密度當然也會更高。但這終究只是誤會，關係能不能長久取決於你自己。

前往充滿緊張感，讓人心跳加速的地方吧！利用吊橋效應成為情侶。

善用吊橋效應

心跳加速和興奮會帶來愛情？

心跳加速時，會誤認為是對對方感到心動。

主題樂園或遊樂園

推薦緊張刺激的遊樂設施。

觀看足球和棒球等運動賽事

因為興奮或許會有相互握手或擁抱的機會。

兩人一起享受運動或遊戲

如果是兩人對戰的遊戲，氣氛會更加熱絡。

看電影

推薦會讓人緊張到手心出汗的動作片和恐怖片。

戀愛心理學 44

稍微貶低後真誠地誇讚

增加好感度的讚美重點

要如何稱讚才能提高好感度？

沒有人會因為受到稱讚而感到不舒服。積極讚美對方時，照理說對方應該會感到愉悅。

不過，稱讚方式也需要一點訣竅。不要只是一味地讚美，而是要先貶低再誇讚。或許各位會覺得這樣很奇怪，但經研究顯示，這麼做反而能夠大幅提升好感度。

美國心理學家阿隆索和林德，針對女學生對評價自己的對象有多少好感度進行調查。詳細評價如以下四點。

①「感覺很好」、「很聰明」等從頭稱讚到尾。

②「很普通」、「沒什麼魅力」等從頭貶低到尾。

③一開始說「沒什麼好感」，之後慢慢地提高評價，最後誇讚說「很有魅力」。

④一開始稱讚「很有魅力」但之後評價逐漸降低，最後表示「沒什麼好感」。

好感度最高的不是①一直稱讚的人，而是③從負評轉正評的人。這是因為自己的行為得到認可，自尊心得到滿足的關係。此外，也可以認為是因為一開始接收到負面評價，導致自我評價下降，在這個時候得到讚美，會感到更為開心。

如果一味地稱讚，會被認為是在說場面話，當然就不太會出現感動的感覺。

起初先稍微貶低一部分，之後再真誠地稱讚，效果會非常顯著。

訣竅是稍微貶低後再稱讚

根據稱讚的方式，好感度會有何變化？

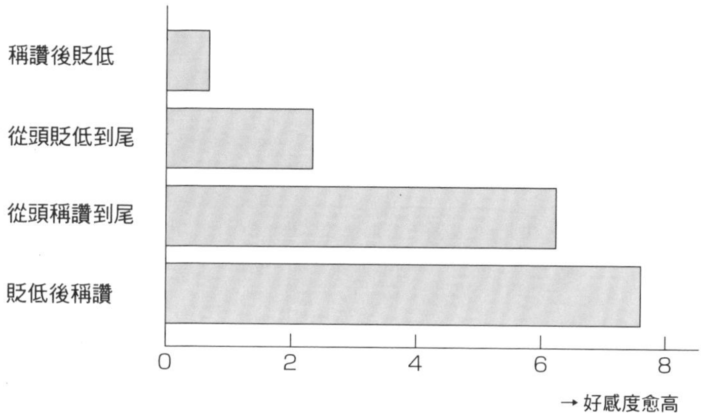

Aronson&Linder　1965

好感度最高的是先貶低後稱讚的人。
最惹人厭的是先稱讚後貶低的人。

與其一直誇獎對方好可愛、好漂亮、
我好喜歡，不如一開始先擺出不在意的樣子，
之後再表示喜歡，更能打動對方的內心。

戀愛心理學 45

與對方的舉止同步

與交往對象獲得一體感的重點

為什麼情侶會做一樣的事情？

我在外出時，經常會看到這樣的場景：兩人在時尚的咖啡店喝咖啡，一個將杯子放在桌上，另一個也做相同的事；一個歪著頭笑，另一個也跟著做出一樣的舉動。

這是由於情侶之間的舉止動作會愈來愈相似的關係。之所以會如此變化，是因為下意識想要與對方獲得一體感，不自覺地模仿對方的言行舉止。

這個現象稱為「共時性（同步傾向）」。一般認為之所以會促使這樣的現象，是因為想要與這個人建立良好的關係、想要讓彼此的感情更好的心情。感情愈好共時性就愈強，甚至連說話方式和語調都會愈加相似。

會說感情好的夫妻長得很像，是因為氛圍、行為舉止和用字遣詞等相似之處很多，看起來才會愈來愈相像。如果感情好會促使行為相似的話，那刻意模仿對方的舉止，是否就能讓彼此的關係更為親近呢？

這是一種稱為「鏡像模仿」的技巧，實際上，用在工作或朋友關係中也相當有效。像是在照鏡子般，模仿對方的動作，例如姿態、頷首、翹腳方式、行為舉止及手勢等。

對方搓揉手臂時自己也跟著搓搓看；對方翹起二郎腿，自己也試著跟著翹腳等，這麼一來，內心就會產生安全感和親近感，對方的警戒心也會降低。

當然，如過被發現是故意在模仿，會讓他人覺得自己是個怪人，因此自然、隨意地模仿即可。

舉止同步，就能得到一體感。自然地配合對方，無論是戀情還是工作都能更順利。

模仿動作的「鏡像模仿」

恩愛情侶在行為舉止上很相似。
想要更加恩愛的心情，讓人不自覺地相互模仿。

行為舉止不一致的情侶可能沒辦法維持長久的感情。也可能是因為內心覺得差不多該分手，讓人不自覺這麼做？

吵架後無法坦率地說「對不起」時，試著悄悄地進行鏡像模仿吧！氣氛會不知不覺緩和下來。

試著模仿言詞和語調。例如對方說「超級有趣～」時，試著用相同的語調跟著說「真的！超級有趣～」。

戀愛心理學46

下定決心繼續愛著對方

與交往對象長久交往的重點

因為對方訊息回很慢，感到焦慮不已

愛情也會帶來與喜悅同等的焦慮。例如，他只是略微將目光轉向路過的美女，就會沮喪地認為「啊……他一定是喜歡那種類型，我……」，或是對方表示「抱歉，我那天和朋友約好了」而拒絕約會時，煩躁地認為「朋友比我重要……」。

他明明只是說「那天不方便」，卻覺得「自己被拒絕」，因此感到焦慮不已。這種傾向稱為「拒絕敏感性」或「拒絕感受性」。

這類型的人會忍不住一再確認彼此的愛情。有時還會因為訊息稍微回得比較晚，就擅自自己下定論，覺得「對方已經不愛自己了」。對方得知後不僅會感到訝異，還會因為覺得不受到信任而感到失望，對於戀情的熱情也會消退。

事實上，經研究顯示，拒絕敏感性高的人與敏感性低的人相比，分手機率高出兩倍以上。

美國心理學家史坦伯格曾說過，戀愛是由①親密、②激情、③承諾這三個要素所組成，根據不同的強度，愛情的型態也會不同。親密是指親密程度和相互理解的深度。如果只有親密，關係就會如同朋友般，但隨著激情的加入，就會逐漸發展成戀愛關係。要進一步加深愛情的話，③的承諾是必要的，也就是說，要有繼續愛著對方的決心，以及相信對方的信任感。

認為「被拒絕」的人，分手機率會達到原本的兩倍以上。只有信任才能培養愛情。

史坦伯格的愛情三角論

愛的三要素

①親密

愛情的核心。與對方親密聯繫的情感因素。不只情侶，也會出現於父母、兄弟與親密好友之間。

②激情

此因素包含浪漫與對身體關係的衝動。只會出現於戀愛關係中。

③承諾

打算持續經營感情、相信對方的決心。是維持關係不可或缺的因素。

主要的愛情形態

●完美式愛情
愛的理想形態

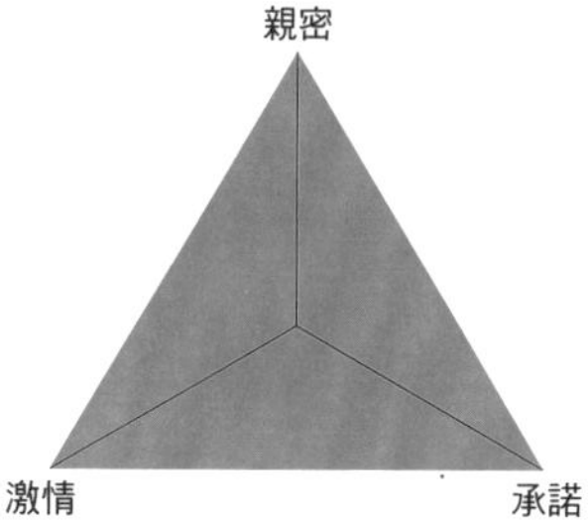

●友伴式愛情
看起來如同朋友關係的愛情

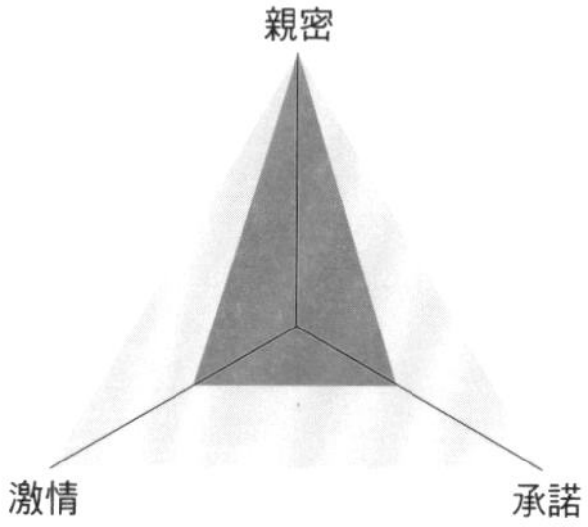

●迷戀式愛情
如同一見鍾情般的激烈愛情

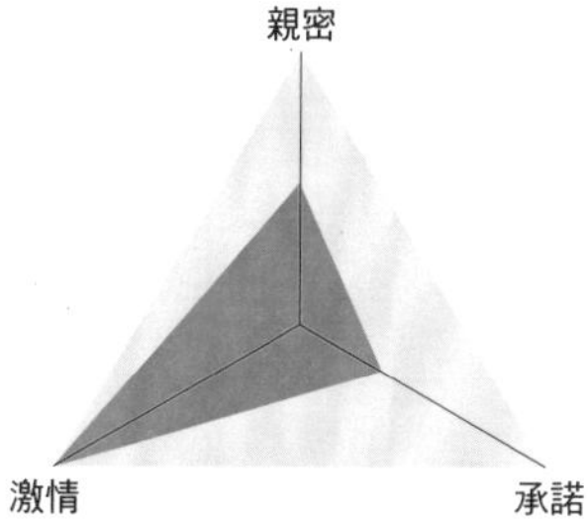

●空洞式愛情
只維持關係的空無愛情

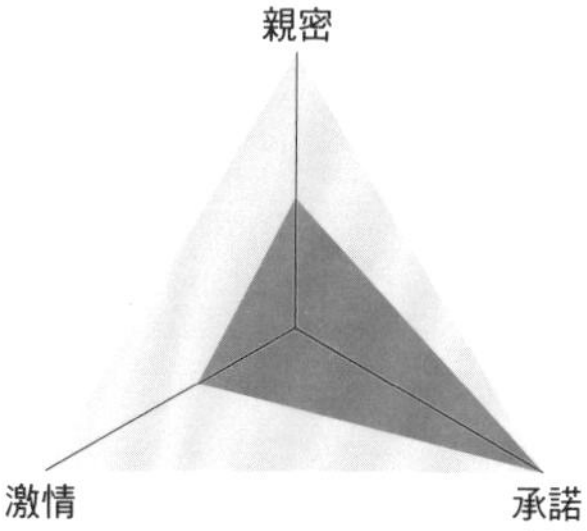

戀愛心理學 47

避免與交往對象吵架的重點

保持良好的距離，讓彼此相互珍惜

就算吵架也能和好如初就好了……

感情再好的情侶有時也會吵架。畢竟感情親密，就會不自覺對彼此任性撒嬌，進而引發爭吵。關係愈是親密，就愈會覺得「對方應該知道我的心情」。因此，如果對方的反應不如預期，就會有種被背叛的感覺，情緒上會感到更加憤怒。

即使吵架，如果能夠磨合彼此的心情，和好如初的話就沒什麼問題，但因為處理不好，從一點小事發展到分手的話題，那就糟糕了。就如同俗話說的「親兄弟明算帳」，無論關係多甜蜜，也要互相為彼此考慮並保持適當的距離。

美國精神科醫生貝拉克從德國哲學家叔本華的寓言獲得靈感，將這種關係命名為「刺蝟困境」。在這個寓言中，一對刺蝟在寒冬的夜晚將身體靠在一起，試圖抵禦寒冷。但如果靠得太近，身上的尖刺會傷害到對方，但離得太遠又會凍僵。因此，刺蝟一下緊貼一下分離，試圖找出適當的距離。

戀愛也是相同的道理，無論是太近還是太遠，都沒辦法進展順利。建議雙方一起找到並保持不會傷害到對方，但又能相互取暖的距離。

儘管如此還是發生爭吵的話，就在情況進一步惡化前，先一個人獨處，讓腦袋冷靜下來。重要的是說服對方？還是磨合雙方的差異？以此來告訴自己這是增進感情的過程。

戀愛初期會想要黏在一起，但若要能夠相互珍惜對方，保持適當的距離也很重要。

適度的距離培養、增進愛情

言歸於好的提示

●一個人獨處，讓腦袋冷靜下來

在表示「停戰」後，利用到附近走一走等方式，內心就會不自覺地平靜下來。

●聽聽對方的發言

這或許會有點難，但請在主張自己的想法前，先聽聽對方說什麼。搞不好會因此發現是一場誤會或是自認為的猜想。

●盡量冷靜地闡述自己的意見

怒吼或是歇斯底里地大叫，都會導致事態愈來愈惡化。建議在告訴對方時，要冷靜再冷靜。

●互相討論問題所在

試著討論看看是哪裡意見不合。重點在於要有建設性地思考，而不是責備對方或是將自己的想法正當化。

●思考解決問題的方法

根據吵架的原因，可能會需要找出新的解決對策。試著兩個人一起思考該怎麼辦比較好。

●尋找彼此的改善點

為了讓關係更好，相互討論彼此有哪些地方是可以改善的，並各自努力接受對方提出的建議。有時妥協也是必要的。

●制定和好的規則

制定雙方之間的規則，例如「無論吵架吵得多兇，都得傳晚安訊息」。當然，制定後雙方都必須遵守！

吵架時，會想要拚命地說服對方，但請別忘了，最重要的是要維持良好的關係。

戀愛心理學48

與對方提分手的重點

清楚地表示分手的原因較能得到體諒

分手比邀約還要難？

一見面就吵架，完全無法對話，不再像以前一樣為彼此心動，這些現象都是戀情結束的信號。

一般的情況大多都是，明明過去曾經那麼喜歡對方，但不知道為什麼變得只看到對方討人厭的地方，在煩惱中逐漸下定決心，最終走向分手的局面。

經過深思熟慮後還是決定分手的話，就直接面對面地告訴對方。不能因為很難說出口，就透過電話、訊息或寫信等方式來單方面地傳達，這是很沒良心的行為。

沒有任何方法可以在不傷害對方的情況下順利分手。最起碼要做到面對面地明確告知想分手的理由，以及告別的話，才能算是體貼對方。

經常會有人為了不傷害對方，會說「並不是討厭你」之類的話，導致對方無法接受，覺得那為什麼非得分手不可。因此，建議坦率地說出真正的理由，不要想著要帥氣俐落地分手，或是不想成為壞人，如此一來，對方才能盡快整理好思緒。

對方會在心慌意亂、哭泣和憤怒的過程中逐漸接受現實。所以這時候不能受感情左右，說些模稜兩可的話，例如「要不然我們先暫時保持距離，各自想想看再說」。

在提出分手後，請不要回應對方的訊息和電話，這才是表現出良心的行為。

沒有哪種方法能在不傷害對方的情況下分手。明確表示理由和告別是體貼的表現。

明確告知分手才是體貼

表示分手時常用語排行榜（男性）

第1名	我並不是討厭你
第2名	現在想要恢復單身
第3名	跟妳交往很累
第4名	我有其他喜歡的人了
第5名	我不喜歡妳了
第6名	我沒有自信能給妳幸福
第7名	想回到朋友關係
第8名	看不見、無法想像我們的未來
第9名	就算在一起也不快樂
第10名	想將精神放在戀愛以外的事情上（如工作）

※goo排行榜

被提出分手時的反應排行榜（女性）

第1名	腦中一片空白，什麼事都做不了
第2名	坦率地接受
第3名	試圖討論並解決問題
第4名	丟掉充滿回憶的物品
第5名	打電話給朋友
第6名	難過地大聲哭泣
第7名	總之先睡一覺
第8名	暴飲暴食
第9名	提議給予一點時間
第10名	刪除手機裡的資料

※goo排行榜

戀愛中的「分手信號」排行榜

第1名	不回覆訊息
第2名	打電話不接
第3名	聊天回覆很冷淡
第4名	假日不願意見面
第5名	愈來愈常說「因為工作不能見面」
第6名	對話很難繼續下去
第7名	（生病、工作很忙等時候）不再擔心自己
第8名	不再露出笑容
第9名	談話愈來愈容易吵架
第10名	拒絕過夜

※goo排行榜

想一想什麼才是最重要的

老實表達自身感情的重點

害怕被拒絕所以假裝不知道

因為不知道該如何處理這種名為「喜歡」的情緒，孩子經常會欺負喜歡的人，或是做一些戲弄對方的行為。

同樣的情形也有可能發生在大人身上，例如，明明喜歡對方，卻採取冷淡的態度、捉弄到對方發脾氣或是刻意表示「我才不喜歡那種類型」等。就如同大家都知道的，「喜歡」的相反是「無視」，真的不喜歡的話，就不會一一反映在態度和言語上，所以內心其實很在意。就像欺負人的孩子，因為在意對方，希望對方搭理自己，做些捉弄人的事或說一些討人厭的話等。

那麼，為什麼德才兼備的大人不能坦率地表達好感呢？大家心裡有數，但能夠直接將「喜歡」說出口的人其實並不多。因為覺得害羞，而且傳達好感後，如果對方不接受，自尊心就會受挫。

由於害怕出現這樣的情況，為了保護自己，而說出違背真心的話。這個現象稱為「反向作用」，是心理防衛機制的一種。

如果一直重複做這樣的事情，也許可以保護自己的自尊心，但會以對方感到煩躁或討厭而告終。

因此，經常採取這種行動的人，要重新檢視背後的心情，並仔細思考什麼才是最重要的。畢竟害怕受傷害的話，什麼都無法開始。

假裝不喜歡是為了保護自己的自尊心。試著思考真正重要的是什麼。

告白、被告白的時候

調查日本全國
有戀人的20～39歲未婚男女。

Q. 你在與現在的戀人交往時，是誰先告白的？

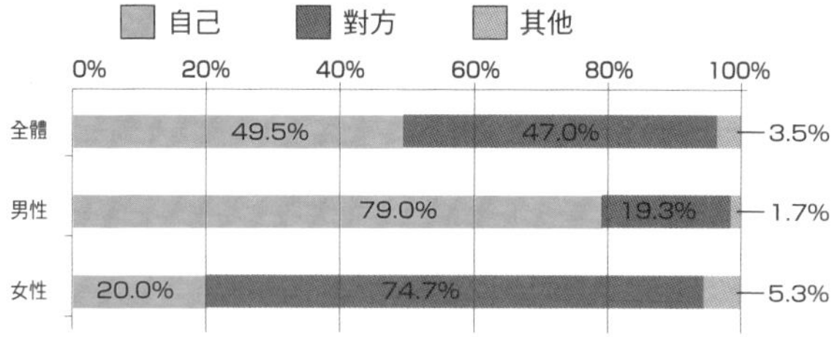

Q. 與現在的戀人交往時，是用什麼方式告白的？

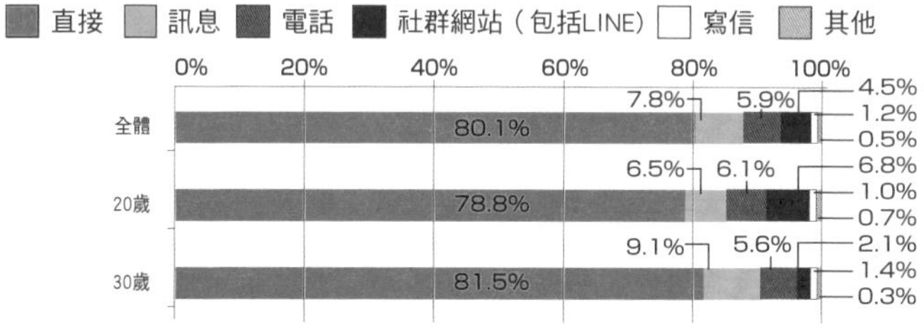

Q. 對方怎麼樣的告白方式會讓你感到開心？

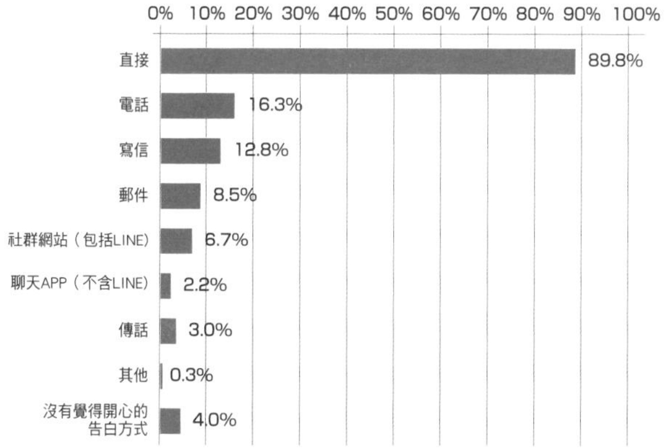

出處：提供綜合營運支援的NEO MARKETING Inc所調查出的結果（2017年5月）

戀愛心理學50

注意女性的欺騙性話語

判斷對方是否說謊的重點

男性與女性誰在說謊？

2010年，英國一項以3000人為對象所進行的調查發現，男性意外地比女性還要會說謊。

據說，以說謊的頻率來看，男性是一天三次，女性是一天兩次。其中男性最常說的謊話是「我沒有喝那麼多酒」。這是個從健康方面來說有點困擾，但其實很無辜的可愛謊言。而女性最常說的謊言是「沒事，沒什麼大不了的」，以隱藏自己的真實想法。

無論男女，大部分的人都表示說謊會受到良心的譴責。

那麼，男性和女性中哪一方比較擅長說謊呢？在這點上，女性獲得壓倒性的獲勝。

美國心理學家艾克斯坦曾做過以下的實驗。男性和女性進行一對一的對話。一開始要求他們說真話，並在談話的中途同時要求男性和女性說謊。

於是在開始說謊後，與說實話時相比，男性注視對方的時間減少，而女性注視對方的時間則會拉長。也就是說，男性可能因為內疚轉移視線，但女性說謊時依然能夠泰然自若地看著對方。

因此，就算女性表示「真的啦！如果覺得我在說謊就看著我的眼睛！」也不能輕易地相信她。

男性的說謊次數較多，但女性更擅長看著對方的眼睛說謊。

女性遠遠比男性還要擅長說謊

人會在這種時候說謊

●想要打腫臉充胖子時

像是某某名人是我朋友，或是我的名牌包多到來不及用等。

●想要展現自己的能力時

炫耀自己擅長做飯、同個世代中自己最快出人頭地等。

●不想要傷害他人時

就算是不喜歡的禮物，也會假裝開心地表示：「我一直都很想要這個。」

●避免與人產生對立時

沒有任何安排，卻還是以「抱歉，我那天已經有約了」之類的理由拒絕邀請。

●因為失敗受到責備時

以「電車誤點，我也沒辦法」等作為推託遲到的藉口。

●欺騙他人的時候

例如，明明已經有交往的對象，卻還是對其他人說：「我現在單身，我們交往吧！」

戀愛心理學 51

識破男性謊言的重點

注意裝得像是真的或誇大其詞的話

女性很習慣說謊，所以也很擅長識破謊言？

女性之所以擅長說謊，是因為她們習慣每天撒點小謊，以避免人際關係上的問題或是防止傷害到對方。對女性來說「說謊確實很方便」，同時，這也是女性的一種處世之道。

與女性相比，男性並不善於說謊。當男性試圖假裝說得跟真的一樣或是誇大其辭時，反而會招致懷疑，很容易就被拆穿。

再加上，女性比男性更善於解讀表情。在美國曾經做過一項實驗，向男性和女性的受試者展示露出各種表行的人像照片，例如生氣、微笑、悲傷等，並調查這些人可以解讀表情到什麼程度。

結果顯示，大多數的男女都能讀懂幸福的表情，但相對於有九成的女性看出悲傷的表情，男性只有七成的人可以正確解讀。綜上所述，女性辨識表情的能力非常敏銳，直覺也很優秀。畢竟是女性的第六感，所以細微的動作或氣味、和平時略微不同的態度或氣氛，都能靠直覺辨識。

有一種說法認為，這種男女之間的差異，是由於使用大腦的方式不同所造成。一般來說，男性主要是使用左腦，比起女性更擅長邏輯思考。另一方面，女性會平衡使用左右腦，所以在覺得「好像有哪裡不太正常」時，可以迅速在整個大腦進行資訊交流，提取過去的資訊或是蒐集片段的資訊。這就是為什麼女性擁有敏銳嗅覺和第六感的原因。

男性用左腦的邏輯思考編造的謊言，會被使用左右腦的女性以直覺識破。

男性的謊言很容易就會被識破

這種行為讓人感到懷疑

明明沒人問，卻說些奇怪的藉口。

莫名心神不定、冷靜不下來、不敢對視。

總是發訊息給某個人。將手機藏起來，或是將手機帶去洗手間。

說話前後沒有邏輯。戳穿後反而語無論次或是惱羞成怒。

聯絡不上，或是找理由拒絕見面。

誤叫成其他人的名字。

戀愛心理學 52

了解女性內心的重點

區分「愛」和「喜歡」

「愛」和「喜歡」在女性的心中有什麼差別？

「雖然我喜歡你，但無法想像成為朋友以上的關係。」

在他人向自己告白時，女性以這樣的理由拒絕對方並不稀奇。女人心難懂的地方就在於，是抱有好感沒錯，但不一定願意交往。從男性的角度來看會感到難以釋懷，覺得「明明喜歡但為什麼拒絕？」，但在女性的眼中「愛」和「喜歡」有著明顯的差異。

相對地，男性的「愛」和「喜歡」之間是很模糊的。「那個人好可愛，我有點喜歡」的心情與「我愛你」之間沒有太大的差距，兩者都是「迷上對方」。從這個意思來看，可以說男性的想法簡單明瞭，很容易理解。

「愛」和「喜歡」都是「喜歡」的情感，很難區分之間的差別，但在心理學上認為這是兩種不同的心情。

丹麥的心理學家魯賓將愛情定義為戀愛感情中特有的心情和情感，並驗證了與好感之間的差異。結果顯示，區分「愛」和「喜歡」的關鍵在於「是否會為了誰而行動」。「愛」是為了帶給對方快樂，「喜歡」則是為了自己的快樂而行動。

不清楚是愛還是喜歡時，只要試著回想自己到目前為止的行為舉止就能得到答案。

以對方的快樂為優先的是「愛」；將自己快樂放在首位的是「喜歡」。

區分「愛」與單純「喜歡」的方法

愛和喜歡的相異處

	「愛」的心情
①	想要在心情上、物理上與對方保持密切聯繫。
②	為了對方的幸福而不吝惜提供幫助。
③	想要兩人獨處，以感受是否與對方一心同體。

	「喜歡」的心情
①	那個人是討人喜歡的人。
②	相信、尊敬那個人。
③	那個人和自己很相似。

愛和喜歡的相異處

魯賓的愛與喜歡指南（摘錄）
帶入在意對象的名字，確認哪一種更符合吧！

●愛

① 不和（　　）在一起就覺得非常寂寞。
② 想要獨占（　　）。
③ 如果是為了（　　），我什麼事都願意做。
④（　　）感到痛苦的時候，我想要第一個趕到他身邊為他打氣。
⑤ 與（　　）在一起的時候，只是看著他就覺得時間過好快。

●喜歡

①（　　）的適應力真的很強。
② 想要推薦（　　）需要責任心的工作。
③ 想要成為像（　　）這樣的人。
④ 無論是誰，遇到（　　）都會抱有好感。
⑤ 與（　　）在一起時，總是抱有相同的心情。

戀愛心理學 53

贈送女朋友喜歡的禮物

畢竟女性都喜歡禮物

為什麼那麼喜歡收禮物呢？

不僅在生日或聖誕節等特別的節日，就連普通的日子，女性都很喜歡收到男性送的禮物。一般認為，其中隱藏著下述的內心想法。

- 希望受到保護。
- 希望得到關心。

對女性來說，透過收禮物來滿足這些慾望非常重要。最近有很多女性跟男性一樣積極賣力地工作，因此她們不一定是軟弱、需要保護的存在。儘管如此，得到男性的保護，對女性來說仍然是非常快樂的事，因為可以從中覺得自己是有價值的人。

只要從男性手中收到禮物，女性就會有種「得到保護」的感覺。相較「從金錢上獲得的好處」或「得到想要的東西」，自己受到保護的感覺與能夠確認自己是重要的存在，是更加令人開心的事。畢竟禮物是對方關心自己的證據，而且這也會為女性帶來幸福感。

女性無法承受沒有人關心自己，所以她們會強烈希望生活中能夠感受到有人照顧和重視自己。

藉由收到禮物，消除無依無靠帶來的寂寞感和不安感，並獲得安全感。反過來說，過分在意禮物的人，其實是沒有自信的人。因為只有收到禮物，才能確認自己的幸福和存在的價值。

女性是一種強烈希望「有人照顧、重視自己」的生物。

受到重視、保護的感覺令人感到喜悅

女性收到會很開心的禮物

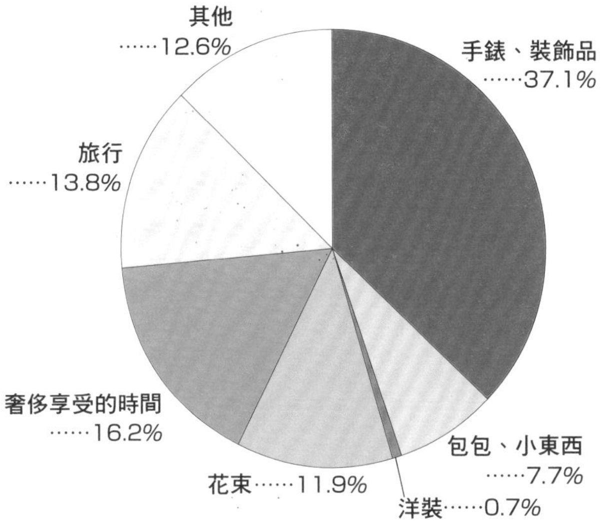

※出自於 Excite 超級網路公司的「戀愛投票箱」

花束的話似乎是收到玫瑰最讓人開心。雖然很害羞，但我也送你一束玫瑰花吧。

女性收到花束時的心情

- 確切地感受到被珍惜的感覺
- 覺得自己成為電視劇的女主角
- 太過感動，差點哭出來
- 對方為了我願意忍受羞恥心來準備的心情，很令人開心

戀愛心理學54

想要束縛對方的人要多留意

交往對象容易外遇時的重點

相較丈夫，妻子外遇的比例更高？

許多人說外遇是「男人的本能」或「男人的價值」，但女人一樣也會外遇。

舉例來說，根據日本NHK實施的「NHK『日本人性文化』計畫」顯示，在過去1年裡，與配偶和戀人以外發生性關係的問題中，男女回答是的比例分別是18%和13%左右。此外，日本厚生勞動省的「第4次男女生活和意識相關調查」（2008年）顯示出未滿35歲的已婚者中，比起丈夫，妻子與配偶以外的人發生性關係的比例更高，這個結果令男性感到非常訝異。

據說男性外遇是為了盡可能地留下自己的基因。女性可以肯定出生的孩子是自己的孩子，但男人只能相信那是自己的孩子。因為這種不確定感，才會認為要與許多女性發生性關係，多一個也好，總之要留下自己的孩子。但事實上，男性外遇有很多都只是身體上的因素。

另一方面，女性也有為了得到更優秀的基因而外遇的說法。但女性的情況不光是性關係，還有許多人是在尋求精神上的依靠。

有些人就算有戀人，也很容易外遇。據說，喜歡束縛他人的人、經常看人臉色的人、太過於積極追求的人，其對象都很容易外遇。因此，最重要的是，對自己有自信，和對方建立對等關係。

束縛對方、看人臉色、太過追求對方的人，其對象都很容易外遇。

對象容易外遇是有原因的

重點在於要對自己有信心。

對象容易外遇的排行榜

第1名	想要束縛對方。
第2名	遇到來搭訕的人，馬上就和對方交往。
第3名	說謊。
第4名	無論什麼事都順從對方，沒有主見。
第5名	擅自查看對方的手機。
第6名	貢獻出自己的一切。
第7名	在一起後就不再花心思於對方身上。
第8名	負面思考。
第9名	工作或課業太忙。
第10名	不認同對方的異性朋友。

※goo 排行榜

外遇的心態

- 相處模式愈來愈老夫老妻，已經沒有心動的感覺。
- 總覺得莫名空虛。
- 出現比伴侶還要喜歡的人。
- 伴侶忙到沒時間陪伴自己。
- 想要享受更充實的性生活。
- 想要追求刺激。

戀愛心理學55

絕對不能原諒暴力

受到交往對象家暴時的應對重點

想要逃走的話就能逃走嗎？

戀人或配偶對自己施以暴力的行為，稱為家庭暴力（domestic violence）。其中，絕大多數都是丈夫對妻子施暴，但目前妻子對丈夫施暴，以及情侶間的暴力行為也逐漸增多，後者稱為「約會暴力」。此外，家暴不只是身體暴力，還包括精神虐待、言語暴力、性虐待、經濟暴力和社交孤立等。以家庭暴力研究學家著稱的美國心理學家沃克曾表示，家暴的過程會反覆出現以下三種情況。也就是所謂的「暴力循環理論」。

①緊張期

加害人感到煩躁和不滿的時期。沒有使用暴力，但氣氛充滿緊張感。

②爆發期

緊張程度達到顛峰，激烈地施以暴力。

③蜜月期

後悔使用暴力，像是變了一個人般地溫柔親切。但不久後，又會從①開始重蹈覆轍。

像這樣，因為對方並不是無時無刻都在使用暴力，而且還會在施暴後的蜜月期流著淚道歉，導致自己受到「只有我可以幫助這個人」的奇怪使命感所束縛，或是期待「總有一天他會願意改變」而繼續維持雙方的關係。在持續遭受到暴力的過程中，會逐漸失去獨立自主的能力和自尊心，並且會愈來愈無法離開對方。因此，絕對不能容忍暴力，無論如何都要逃走，學會如何珍惜自己。

在「我是他的依靠」、「總有一天他會改變」的使命感和期待中，逐漸失去自己。

不能原諒戀人的暴力行為

Q. 在遭受到交往對象的暴力時你的做法是？

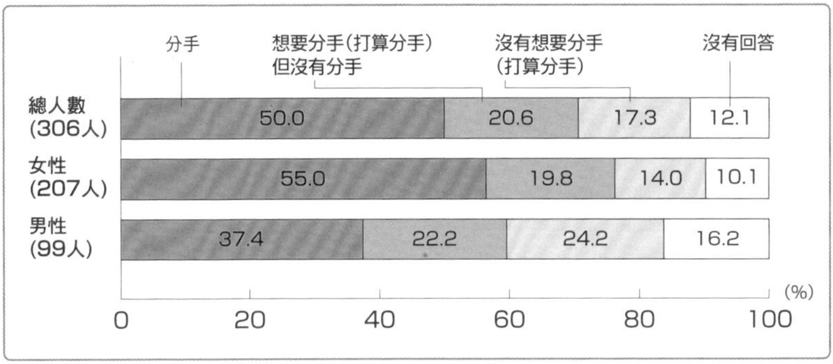

Q. 為什麼不與加害人分手？(複選)

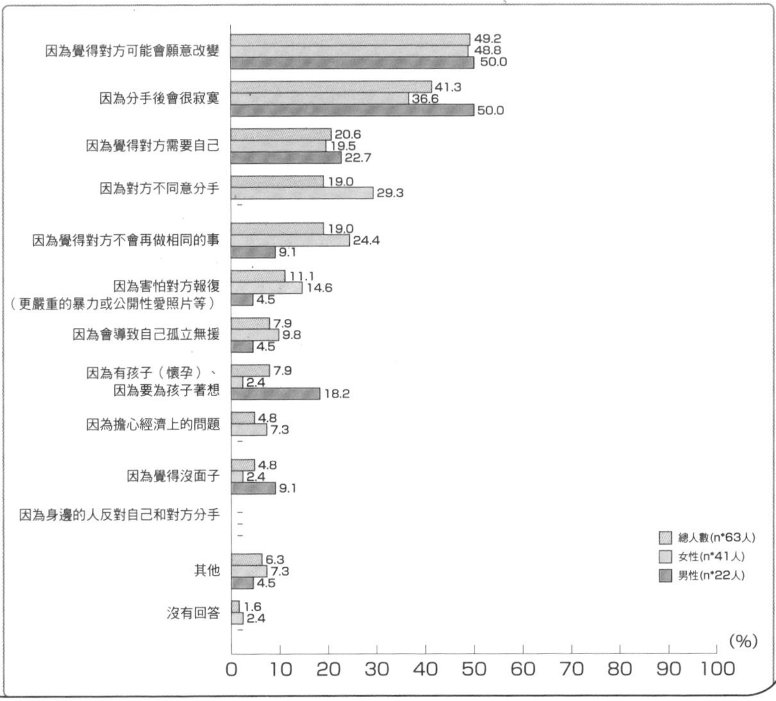

戀愛心理學56

控制好嫉妒心

與嫉妒心友好相處的重點

因為是相愛的證據而覺得無可奈何？

嫉妒是戀愛的一部分。如果只是一點小小的嫉妒，對方會覺得自己很可愛，不會進一步計較這個行為。但若是太過分，就可能會成為分手的導火線。嫉妒往往會形成束縛，例如，經常檢查對方的手機，或是頻繁追問對方現在在哪裡、和誰在一起等。

或許會有人認為「這是因為對方非常愛自己」，但其實，束縛並不是愛。束縛只是想要消除「戀人可能會被別人搶走」的焦慮感，因此也可以說是一種自私的愛。

想要擺脫焦慮感的話，就要澈底地磨練自己，而不是束縛對方。成為比任何人都優秀的人，利用自己的魅力來擄獲對方。因為沒有自信才會覺得焦慮，要擊敗嫉妒心，最有效的方式就是要對自己有信心。

此外，依賴愛情的人嫉妒心也會比較強烈。戀愛中，經常會出現腦中總是浮現自己喜歡的人，如果對方不在自己的身邊，就會覺得非常寂寞的情況。但在這種情況下，內心就會因為對方的一點言行舉止而受到影響，導致完全靜不下來。

維持長久戀愛的關鍵在於，彼此在精神上是獨立的。因此，建議找點別的會讓自己沉迷的事物。只要讓戀愛成為沉迷事物的其中之一，就不會再受到嫉妒所苦。

只要能控制好嫉妒心，就能使自己成長，如此嫉妒心也會成為保持適度緊張感的調味料。

嫉妒也許只是自私的愛和對戀愛的依賴。
磨練自己，獲得自信和獨立自主的能力。

善用吃醋，得到對方的愛

感到忌妒時要怎麼辦？

男方稱讚其他女性是
「很善解人意的人」時。

NG!

「反正我就是個性很差啊！」
「那種人到底哪裡好？」
「她只是在裝乖啦！」

詆毀對方或貶低自己，
會讓男方覺得厭煩。

GOOD!

「真的耶，但是你這樣說讓我有點吃醋喔。」
「對啊，但如果你也能那樣稱讚我的話，我會很開心喔。」

忍耐忌妒心，會造成內心的壓力，
所以訣竅在於稍微釋放一點出來。
坦蕩蕩地鬧彆扭或是撒嬌的話，
男方反而會更開心。

戀愛心理學 57

不被爛男人纏上的重點

捨棄愛上爛男人的想法

相信對方一定會為了自己重新站起來！

負債累累、喜歡賭博、沒有固定的職業、喜歡吹牛說大話……世上被稱為爛男人的男性多如牛毛，而且不知道為什麼，也有很多女性會受到這種爛男人吸引。

過去會被爛男人擄獲芳心的，都是公認的老好人，特徵是膽小、做什麼事都很被動，而且對自己沒有信心。但最近就連積極工作的可靠女性，也會落入爛男人的陷阱中。這些女性都是很努力的人，特徵是不服輸、責任感強烈，而且無法放著有困難的人不管。

她們會認為：「就算是爛男人，只要我支持他，他就會重新站起來。」導致自己陷入泥沼。因此，不要天真地認為，憑自己的力量，可以使爛男人重新做人。這些想法正中爛男人的下懷。愈是努力照顧爛男人，他們就會變得愈糟糕。

如果遇到自己的父親是爛男人的情況，因為在成長的過程看著母親照顧這樣的父親，不知不覺中將自己與母親重疊在一起，有可能會不自覺地選擇同樣類型的人作為另一半。

「只有我能理解他」、「如果我不支持他，他就會完蛋」，這正是典型愛上爛男人的思考模式。不要再繼續放任他們撒嬌，馬上將他們甩到一邊吧！

「我可以讓爛男人變好」是天真的想法。抱著這種想法，只會失去青春和金錢。

活著的價值是「幫助」爛男人

愛上爛男人的10個特徵

1 總是喜歡一樣爛的男人。

2 深信「他需要我」。

3 從對方的依靠中感受到喜悅。

4 拒絕不了對方的拜託。

5 很會照顧人。

6 並不討厭將錢花在對方身上。

7 無論是自私還是優柔寡斷的地方，都視為是優點。

8 相信這是命運的邂逅。

9 朋友經常表示：「妳真沒看男人的眼光。」

10 有時會嘆著氣說：「真沒男人運。」

戀愛心理學 58

自我認可欲望強烈的人必須注意

陷入婚外情的重點

談著如電視劇般的戀愛，顯得自己很特別？

如今，婚外情隨處可見。有很多人會將錯就錯地表示：「只是喜歡的人剛好是有婦之夫而已。」也有愈來愈多人認為，只要不被發現就沒關係。

一般都說，陷入婚外情的人是自我認可欲望強烈的類型。「希望他人多讚美自己」、「希望對方認同自己是特別的人」，這些欲望在心中不斷地盤旋。舉例來說，在單身女性與公司主管的婚外情中，被一個經驗豐富的男性選中，會讓女性覺得自己的價值在一夕間大幅提升。內心因而湧出自信，認為作為一位女性，自己比對方妻子更有魅力，導致高興到忘乎所以。

再加上羅密歐與朱麗葉效應，愈是危險的戀情，愈是不可原諒的愛情，就愈是熱烈。自己可以將家務事交給他的妻子，享受對方的好，沉迷於連戲劇般的戀愛生活。也就是說，婚外情可以說是脫離日常的世界。也有人夢想對方會為了與自己結婚和妻子分手，但當夢想成真時，就只是開啟為家務事焦頭爛額、感情日漸淡薄的日常生活。

此外，一般也會說外遇的人是孤獨的人。有些人是因為兒時的家庭環境問題，沒有得到足夠的愛，有些人是因為現在沒有人關注自己而感到寂寞。對方是誰都沒關係，重點在於要能夠填補內心的空洞。

不過，如果想要抓住真正的幸福，除了斷絕婚外情，也別無他法。

為孤獨和缺乏自尊心所苦的人，會為了尋求剎那間的愛情，而走向婚外情。

婚外情的契機以及持續的年數

以300位年齡介於30～49歲，並有過外遇、婚外情經驗的女性為對象，針對外遇、婚外情進行調查。

Q. 外遇或婚外情的契機是？

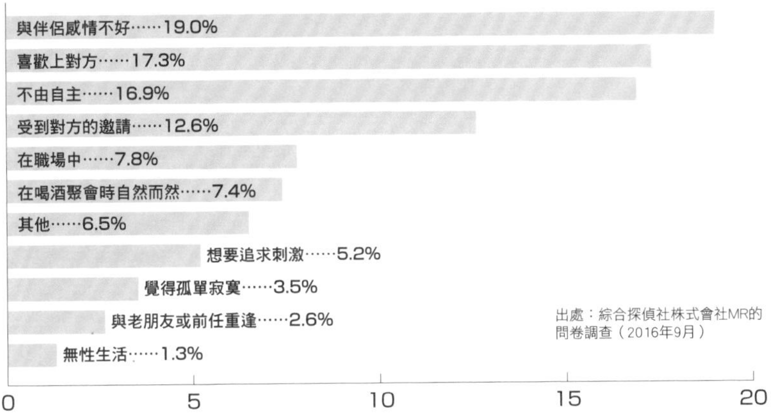

出處：綜合探偵社株式會社MR的問卷調查（2016年9月）

以已婚並有過外遇、婚外情經驗的100位男女為對象，針對外遇、婚外情進行調查。

Q. 婚外情持續的年數？

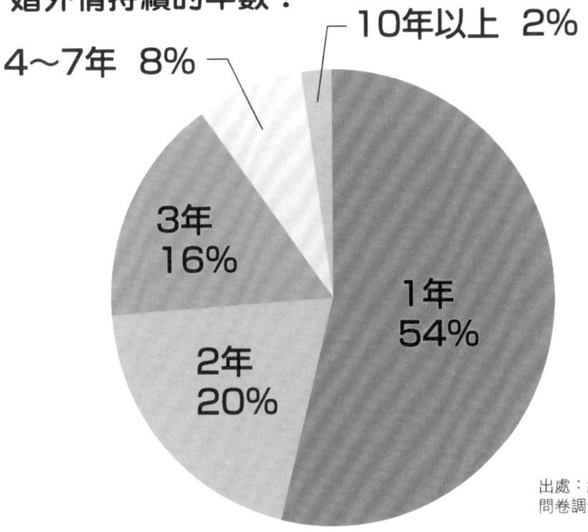

出處：綜合探偵社株式會社MR的問卷調查（2014年6月）

戀愛心理學 59

盡可能斷絕接觸，並抱持著毅然決然的態度

不被他人跟蹤的重點

為什麼比起陌生人，更常見的是前任？

跟蹤帶來的悲劇不斷發生，警方也開始在事前採取行動。

或許大家對於跟蹤狂的印象，大多是單方面糾纏女性的變態男。然而，有一半的跟蹤狂其實是當事人的前男友或前女友。受害人中20多歲女性的占比最大，獨居者尤其要注意。畢竟可能女性覺得已經分手了，但男性尚未接受分手的事實。

跟蹤狂深陷於「自己被拋棄了」、「我明明這麼喜歡她，但她卻不能理解」的受害人意識中，絲毫不認為自己是在折磨對方。滿腦子都是要想辦法讓她回心轉意，完全沒有考慮到對方的感受。而且自私愛和依賴心非常強烈，深信「沒有她我活不下去」。在交往的過程中就會顯現出這種傾向，大多都會因此而導致分手，但本人卻完全沒有察覺到。

另一方面，受害的女性會感受到極度的不安和恐懼。經常會有種被人監視的感覺，不知道對方什麼時候會出現在眼前。由於每天都過得心驚膽跳，有時也會因此而精神崩潰。

遇到這種情況時，要盡可能斷絕與跟蹤狂的接觸，獨自外出時避免徒步行走。千萬不要和跟蹤狂直接對話，應該盡早告訴家人，並尋求警察、律師或專家等人的保護。

盡可能斷絕接觸，保持堅定的態度，盡早尋求專家等人的保護。

可怕跟蹤狂的真相

●跟蹤狂和受害人的關係

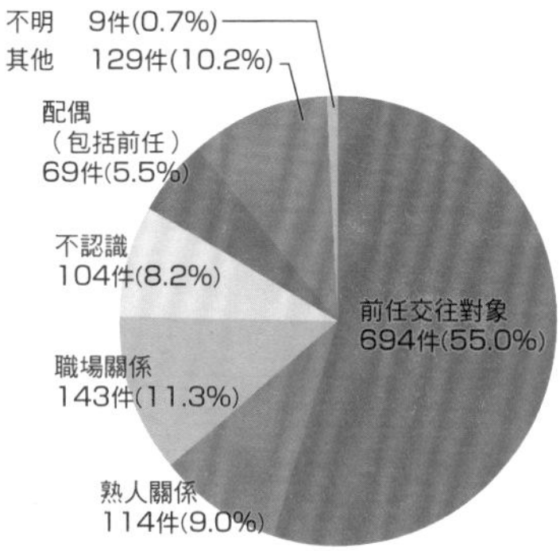

●跟蹤狂的行為

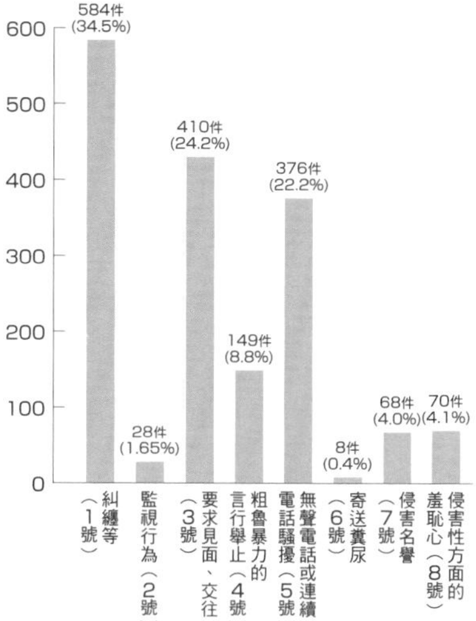

●跟蹤狂諮詢件數的變化

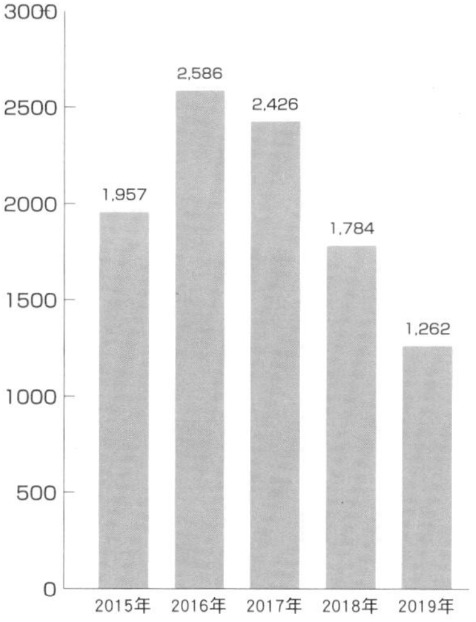

●跟蹤狂的年齡

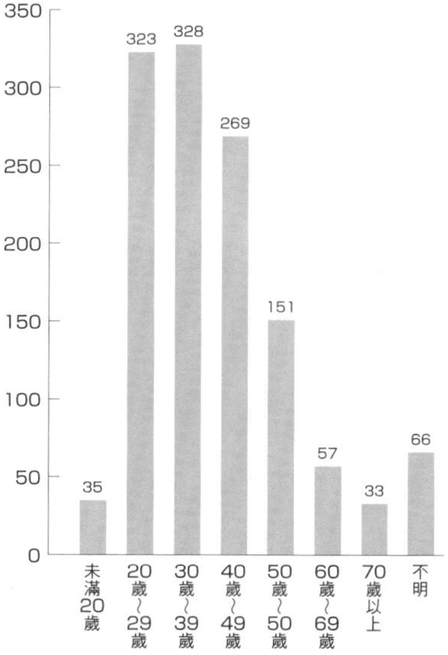

出處：日本警視廳跟蹤案例的概況（2019年）

column

許多跟蹤狂都有人格障礙？

人格障礙（personality disorders）是指思考方式或行為舉止脫離一般認知，導致對社會生活造成影響，或難以與人建立關係。

基本上取決於情況的好壞程度，但當本人感到痛苦，或總是惹惱身邊的人時，就要懷疑是不是人格障礙。

人格障礙有各種不同的類型，其中最常見於年輕人與跟蹤狂的是邊緣型人格障礙，又稱為邊緣型人格疾患。這類型的人格障礙自殺率很高，所以必須要多加留意。

患有邊緣型人格障礙的人，情緒變化很快，經常因為瑣碎的小事哭鬧或發脾氣。

而且無法忍受孤獨，時常處於可能會被拋棄的恐懼中。再加上人格不成熟，又非常以自我為中心，所以無法站在對方的立場來思考問題。

至今仍不知道造成人格障礙的原因，但一般認為，可能是因為遺傳因素、生育環境或不適當的家庭關係等，導致人格發生扭曲，並以某種壓力為契機浮出表面。

症狀嚴重時，必須尋求專家的治療，例如心理諮詢或心理治療等。

Part 3

讓工作變順利的心理學

工作心理學60

坦率附和贊同的部分

與主管和前輩相處的重點

常常覺得既不擅長又很麻煩，該怎麼辦？

一旦踏入團體組織後，就必須和他人交際往來。無論是誰，都想與前輩和主管相處融洽，可以的話還想要獲得他們的喜愛，讓工作更加充實。然而，主管也是人，並不會覺得所有的下屬都合得來、都很討人喜歡。

其中，最讓人討厭的是沒有社會常識的人。沒辦法正常地打招呼、常常遲到、用字遣詞不當、缺乏協調性等都沒有相處的價值。相反地，積極上進、主動與主管攀談、面對困難的工作也會堅持不懈、聽從指示並確實遵守的人，較受人喜愛。

如果想要得到主管和前輩的青睞，就要利用「態度的相似性」。人一般都會對贊成自己意見的人抱有好感，因此，在覺得前輩和主管的意見很合理時，請積極地表示贊同。如此一來，就能提升他們對你的好感度。這個行為屬於主張性自我呈現中的「奉承」。不過，無論什麼事都同意的話，會被認為是在「拍馬屁」，所以在意見不同時，也要如實地傳達。

除此之外，人也會對與自己相似的事物產生親切感。因此，找出共通點，例如是相同球隊的球迷，或是出生地相同等，並在日常中不經意地表現出來也是個好方法。

但並不推薦對主管獻殷勤，或是逢年過節送禮物。這些行為雖然也是奉承的一種，不過很容易被看透，導致產生反效果。當務之急是，認真對待工作，磨練技術以及與人交際的能力。

坦率地表示認同，積極、確實地理解社會常識，並成為出色的下屬。

要讓對方覺得是可愛的下屬

這樣的人會受到主管和前輩的喜愛

1 總是開朗、有精神。

2 會確實地打招呼，服裝儀容也很整齊。

3 對工作抱有夢想。

4 尊重主管和前輩。

5 會積極地提案
或是勇於嘗試新的挑戰。

這樣的人會讓主管和前輩感到厭惡

1 沒有社會常識。

2 反覆犯相同的錯誤。

3 沒有責任感，會丟下做到一半的工作。

4 溝通能力低，缺乏協調性。

5 犯錯不承認，一直找藉口。

工作心理學61

與個性不合的同事共事的重點

建立解決問題時相互合作的關係

覺得討厭時，會對工作產生多餘的影響……

在職場上，一般也必須與不喜歡的人打交道。根據工作的內容與相互擔任的角色，來往的方式大致可分成三種。

第一種方法是努力地消除討厭的感覺。利用善意的互惠性，刻意與對方搭話，盡可能找到、讚美對方的優點。另外，透過在喝酒聚會上坐在對方旁邊，進行自我揭露，並找到彼此的相似點或共同點等努力，也有可能因此轉變為友好的關係。

第二種方法是盡量保持距離，避免深交。彬彬有禮地對待對方，用字遣詞也要禮貌客氣。透過這樣的方式，就能降低接近的程度，並保持適當的距離。

第三種方法是視對方為一起工作的同伴，而不是立場對立的對手。最有效的方式是，設立雙方的共同目標。

首先是各自列出自己目前的目標，核對雙方清單，挑選出相同的內容，並使之成為兩人的共同目標。

接著，雙方針對要如何實現這個目標，討論研究的方法和克服問題的方法。

如此一來，對立的關係就能轉變為互助合作，共同解決問題的關係。目標愈是明確，團結的力量就愈強，在不知不覺中，對方或許就會從討厭的傢伙變成值得信賴的傢伙。

與個性不合的同事進行磨合，是做好分內工作的策略！

不要認為不擅長應對、避免產生關係

在職場所感受到的壓力

以全國20～59歲的女性為對象，針對職業女性的職場溝通方面進行調查。

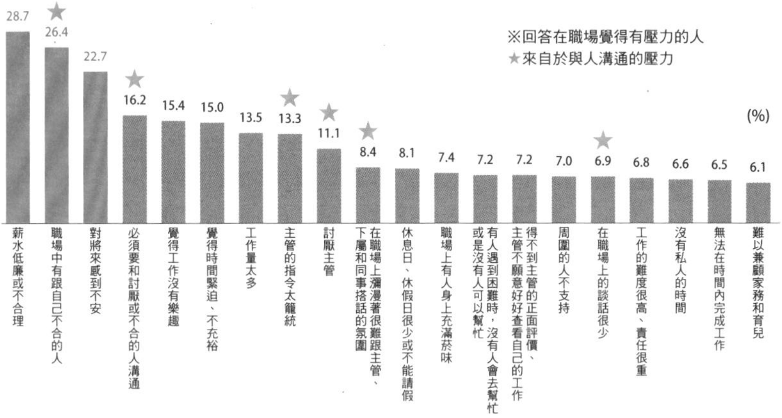

出處：第一三共醫療保健株式會社
「職業女性的職場溝通實況調查」（2018 年 11 月）

與討厭的同事相處的方法

1 努力去喜歡對方。

2 保持距離，盡量不要產生關係。

3 設定共同目標，由此認為兩人是要一起達成目標的同伴。

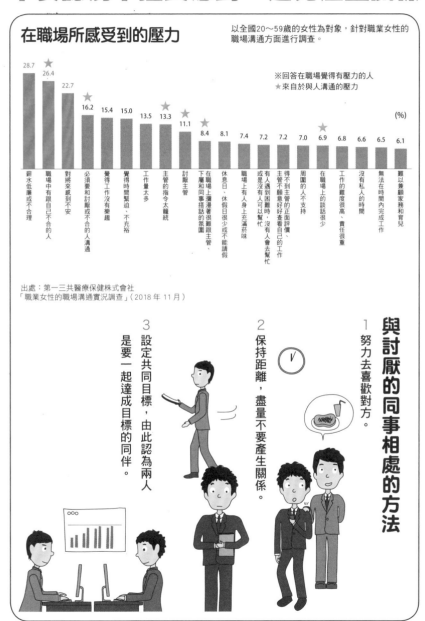

工作心理學 62

以笑容真心讚美並對其抱有期待

順利培養下屬或後輩的重點

單純指出缺點或批評無法使人成長？

好好地培養下屬或後輩的話，工作就會更加順利，他人對自己的評價也會提高。根據對方的個性和工作內容，對待的方式也要有所調整，所以不能一概而論。但從根本來說，要想培養人才，最好的方式就是稱讚並激勵出對方的幹勁。

如果一味地否定或責備，對方就會失去努力的動機，整個人變得無精打采。相反地，若是自己向對方表現出信任和期待的話，基本上，對方也會為了不辜負這份期待而奮發圖強，並取得理想的結果。這個現象稱為「畢馬龍效應」。只要下屬取得成果，就能更輕易地對其表示讚揚，而受到稱讚時，就能增加自信，進而提高能力。這點無論是對於大人還是小孩都是一樣的。

然而，如果是沒有效果的稱讚，對方可能會認為只是在吹捧罷了。因此，平時就必須仔細觀察，了解要稱讚哪個部分、該稱讚什麼比較好。

稱讚的時候要飽含真心地稱讚。就算是口頭稱讚，若看起來表情僵硬或情緒低落的話，就不會傳達給對方。例如，「你真的做得很好！」、「幸虧有你，幫了大忙！」等，句子不長也沒關係，重要的是露出笑容，以充滿活力的聲音，真心誠意地讚美對方。而且不要只看結果，也要積極稱讚對方在過程中付出的努力。

像這樣，逐漸與下屬或後輩建立深厚的信賴關係的話，對方也會對你更加忠誠。

責備只會適得其反。露出微笑，真心地稱讚並表示期待，就能提高對方的動機。

稱讚、認可並激發幹勁

培養下屬和後輩的訣竅

1 盡可能信賴對方並交予工作。

2 不要用當天的心情或情緒來評價對方。

3 應對上一視同仁，不要根據對象而改變態度。

4 平時仔細觀察下屬和後輩，事先找出對方的優點。

5 平時就要注意取得良好的溝通。

6 在對方努力、主動處理時，要積極讚美。

7 在恰當的時機，真心地讚美。

8 除了結果，也要關注過程。

9 袒護下屬的錯誤。

10 斥責時不要感情用事，要具體指出問題。

工作心理學63

領導能力的四種類型

成為打造理想團隊的主管

何謂理想的領導者？如何才能達到理想？

領導者的職責是指揮、鼓舞以及帶領組員。那作為領導者，需要什麼樣的資質呢？

社會心理學家三隅二不二提出ＰＭ理論，主張領導能力分為目標達成能力（Performance function／Ｐ能力）、團體維持能力（Maintenance function／Ｍ功能）兩個方面。

Ｐ能力是指設定團體目標並制定計畫，對組員下達明確的指示，熱烈鼓勵組員後提高生產性的能力。Ｍ功能則是指，在團體內營造友好的氛圍，加強、維持團隊合作的能力。

根據這些能力的程度高低，領導者可分為以下四種類型。

①ＰＭ型　兩種能力都很高，是理想的領導者類型。

②Ｐ型　相較組員的團結性，更重視生產效率。

③Ｍ型　比起生產效率，更重視團體的協調性。

④ｐｍ型　無法提高成績，也無法讓團隊相處融洽，是不及格的領導者類型。

一般來說組員對領導者的滿意度依序為ＰＭ型、Ｍ型、Ｐ型、ｐｍ型。最理想的狀態是成為ＰＭ型領導者，但現實中要達到這點並不簡單。

根據狀況，最好的方式是，在前進的過程中保持Ｐ和Ｍ的平衡，靈活地思考。例如，在開啟一項企畫時，要先完全發揮Ｐ功能，待差不多上正軌後，再加強Ｍ功能。

理想的領導者同時具高生產效率和高團隊團結性。因應情況，分別運用ＰＭ策略。

理想的領導者必須要有的能力

何謂理想的領導者？

P功能　達成團隊目標的能力
M功能　保持團隊內良好人際關係的能力

高

M功能

M型
團隊合作良好，但生產效率低。

PM型
理想的領導者。生產能力高，
團隊合作也很良好。
組員的積極度和滿意度都很高。

低　　　　高
P功能

pm型
最糟糕的領導者。生產效率低，
也無法保持團隊內的融洽。
組員的積極性和滿足度都很低。

P型
可取得成績，但團隊氛圍不太理想。

低

了解每種坐位安排的效果

提高會議或討論會效果的坐位安排重點

坐在哪裡會獲得更好的效果？

在會議和商談中，根據座位的不同，有時會得到更好的效果，而且還可以了解相互的關係和心理的狀態。

舉例來說，和客戶負責人兩人在會議室商談時，座位的安排方式大致可分為下圖四種。

①是可以說是最適合商談的坐法。這種座位的安排，可以保持適當的距離，讓視線容易交會，也很容易聽取對方的說話內容。

②是最一般的坐法。很適合在討論或說服對方等想看著對方的臉說話的時候。

③是距離最接近的坐法。這是對方對你抱有親切感的證明。適合一起做什麼事的時候。

④是在與對方不太親近或想避免出現情緒上的衝突時會選

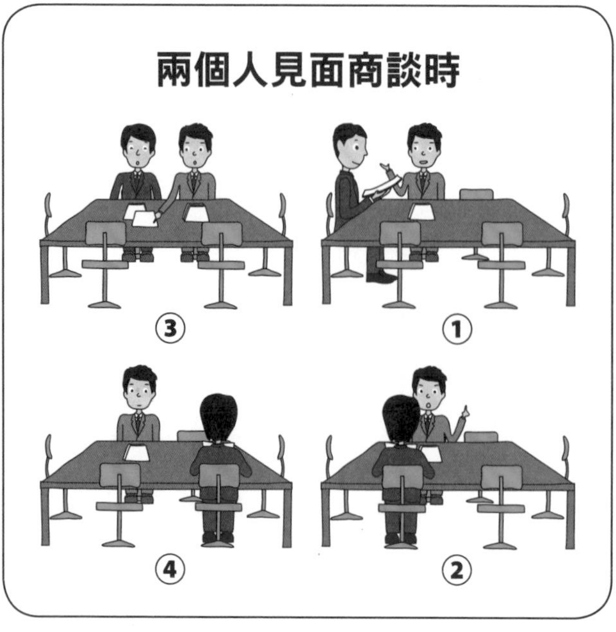

擇的坐法。具有緩和緊張感的效果，適合兩人商談或處理客訴的時候。

那與多人一起開會時又要怎麼安排呢？一般來說，下圖的①③⑤被稱為「領導者座位」。想要發揮領導能力的人會不自覺選擇這些位置，方便環視所有人的臉。

同樣身為領導者，據說喜歡①和⑤的人，是屬於掌握主導權，主持會議進度的類型；喜歡③的人，則是屬於重視與參與者人際關係的類型。而對會議不積極，不太發言的人，往往會選擇②和④。

另外，普遍來說，圓桌的座位安排沒有優劣之分，所以很難發揮領導能力。不過，相對的，具有全部的人都能平等地表達自身意見的優點。適合自由提出各自想法的腦力激盪等。

了解能提高效果的座位排法後，同時還能看穿他人下意識的內心想法和所屬類型。

多人開會時

工作心理學65

順利引導會議進行的重點

贊同自己的人坐在自己的對面

如何讓會議朝著自己所設想的方向進行？

美國心理學家斯汀塞在觀察會議中的小團體後，發現以下的三個法則，即斯汀塞效果。

①立場對立的對手會試圖坐在對面。

②在結束發言後，馬上提出意見的多為反對意見。

③主席的領導能力強時，較常與旁邊的人低聲說話；反之，當領導能力弱時，則較常與對面的人私下交談。

如果想讓會議按照自己設想的方向進行，那就要事前與贊同自己意見的人進行交涉，請對方坐在自己的對面。如果對面是坐立場對立的人，有可能會引發不必要的激烈爭吵。

此外，在自己發表完意見後，必須要有人接著提出贊成的意見，所以要先拜託大家不要馬上提出贊同的想法。如此一來，就能重挫等著提出反對意見的人，創造贊同的聲量。

至於發言的時機，很難直接一概而論。但一般來說，當與會者對會議的關注程度很高時，最好在意見大致有共識後再發言，效果會比較好。這個方式稱為「高潮敘事法」。另一方面，在關注程度較低時，就要在一開始就發言，使會議往自己所想的方向進行，此方式稱為「反高潮敘事法」。

關鍵在事前交涉。坐的地方、發言順序，甚至是說話時機都有心理學方面的訣竅。

學控會議的訣竅

想在會議上通過自己的意見時

1 選擇長方形的會議桌，更容易發揮出領導能力。

←

2 事前拜託他人幫忙，讓對方坐在自己的對面。如果是持反對意見的人坐在對面，很容易激發對立情緒。

←

3 留意行為舉止，以在參與者心中留下良好的印象。不私下談話或打斷他人說話。

←

4 請他人在自己發表完意見後，立即表示贊成。只要接連出現贊成的意見，不僅可以加強自身的意見，還能讓反對者錯失發言的時機。

發言的時機

高潮敘事法

最後再發言。

適用於與會者對會議很有興致的時候。在他人提出各種意見，將關注度推向高峰，正值高潮時發言，可以加深他人的印象，使人更容易接受自己的意見。

反高潮敘事法

一開始就發言。

適用於與會者對會議沒什麼興致時。在會議剛開始，大家都很緊張時闡述自身的意見，就能將發展引導至自己所想的方向。等到大家的注意力分散後，無論說什麼都很難得到理想效果。

工作心理學66

讓組員打起幹勁的重點

在大家面前宣布目標

有激發動機的方法嗎？

當遇到大家必須一起分工合作完成企劃，但團隊中卻有人明顯沒什麼幹勁時，各位會怎麼做呢？除此之外，各位自己也有可能會出現不管怎麼做，都無法對工作抱有熱忱的情況。

在這種時候，最有效果的方式是「公開承諾（Public Commitment）」，意思是約定、發誓。因此，在眾人面前宣布「我會做○○」的話，內心就會產生必須實現這個諾言的作用，提高實際採取行動的機率。

心理學家勒溫在肉類供應不足的第二次世界大戰中，為了促使大家購買平常不太會吃的牛隻內臟（肝等），進行了以下的實驗。

他讓其中一組參加「營養學專家的演講會」，了解內臟的料理方法等；另一組則是讓組員針對製作內臟料理的優點進行討論，並在最後要求每個人發表自己設計的內臟料理的菜單。調查之後的結果，發現相較於前者，後者更常將內臟料理放到餐桌上。

也有人像部分政治人物一樣，不介意背棄承諾，但一般來說，在眾人面前宣布後，就覺得必須對自己所說的話負責。

因此，要讓組員認真對待工作時，就讓他在大家面前發表目標，自己缺乏動力的時候也一樣，採取全體人員都進行的方式也不錯。但請注意，記得要說到做到。

善用在眾人面前宣布時，會覺得「必須實現，要對自己說的話負責」的內心想法。

在眾人面前宣布目標

勒溫的實驗

目的：促進內臟（肝等）的消費，以彌補肉類供應不足的問題。

A組

參加內臟料理的演講。

↓

因為只是聽演講而已，無法提高實際採取行動的動機。

B組

在大家的面前發表自己設計的內臟料理菜單。

↓

既然已經發表了，就要確實去做！

↓

餐桌上出現內臟料理。

結論

與其溫和地催促「大家都在努力，你也去幫忙吧」，或是嚴厲訓斥「只有你自己一個人遊手好閒，是在幹嘛啊！」，不如讓對方在大家面前發表自己的想法，效果會更好。
利用說都已經說了，就不能再隨意退縮的想法！

工作心理學67

堅持不懈地說服

即使一個人也要撼動組織的重點

有少數派也能撼動組織的方法嗎？

事情的進展方向，在大多數的情況下，都是根據多數人的意見來決定。不過即使是少數，在不同的場合上，也是有可能靠一個人來改變大家的想法。

心理學家莫斯科維奇在以下的實驗中印證了這一點。其向受試者出示藍色的幻燈片，並詢問他們看到什麼顏色。想當然，答案應該是藍色，但有兩個暗樁自始自終都回答綠色，導致有高達32％的受試者受到這個意見的影響。由此可知，就算是相對少數，如果以堅信的態度不斷地闡述，仍可以使對方動搖。

這個現象稱為少數人影響力，可分為霍夫蘭策略和莫斯科維奇策略。

前者是作為團體領導者的人，以豐富的功績和知識為基礎來說服成員。後者是既沒有權力也沒有實際成績的人，帶著堅定的信念，堅持不懈地進行說服並逐漸朝著改革前進。因此，即使是新加入公司，沒有任何權利的職員，只要堅定地表示自己的主張，就有可能讓人認同自己的意見。

然而，要達到這個結果是有條件的。首先，若多數派的意見堅定並團結一致的話，那就很難用少數的意見來推翻，所以多數派必須處於不穩定的狀態。而且少數派必須毫無動搖地、始終如一地不停闡述相同的理念。

藉由少數人影響力使組織恢復活力的例子屢見不鮮，例如工作停滯時，找到突破口，或阻止公司氣氛安逸化。

毫不動搖地，堅持不懈地說服。如果多數派不穩定，就能找到突破口。

堅持不懈、始終如一地不斷闡述

少數也能撼動多數的少數人影響力

霍夫蘭策略

從上方發起的改革

由擁有豐富的功績和知識，作為組織核心人物來說服集團，並得到理解和認可。

莫斯科維奇策略

從下方發起的改革

沒有實際成績和權力的人，積極闡述自己的意見，並改變多數派的意見。

少數人影響力產生效果的條件

1 **多數派不穩定。**

如果多數派團結一致，就沒辦法輕易瓦解。

2 **充滿熱忱地反覆提出相同的主張。**

始終如一地不斷闡述，有助於增加可信度。如果少數派有數人組成時，必須先統一所有人的意見。

3 **主張的內容要符合邏輯，讓人可以理解。**

如果主張的內容沒有說服力，就只是固執己見罷了。

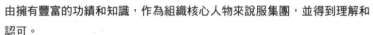

工作心理學68

說服對方時的重點

說話時注意態度、說話方式和聲音語調

要怎麼做才能說服對方呢？

舉例來說，洽談生意時，為了說服對方，重要的是，讓對方正確理解談話的內容，並在認可的基礎上接受提案。為此，必須完全了解自己的提案內容。畢竟一般是沒辦法淺顯易懂地解釋自己不理解的事物。

而且還要確實掌握對方的立場和情況，相互的關係等，以此來思考要強調哪一部分才會有效果？要如何提出對方才能輕鬆理解？

在說服的過程中，必須要從理性和感性兩方面來下手。在闡述對於對方來說有什麼好處時要確保對方有清楚的認知。

請記住，要站在對方的角度，做出簡單易懂的說明，如果內容太過籠統的話，請在說話時加入具體的例子或比喻、為了提高說話的可信度，出示數據和圖表，或是介紹其他顧客的感想等。

此外，不要只顧著自己一直說，也要認真聽取對方的主張和反對的意見。不可以強行說服或強迫做出結論。

最終決定是否成功的是，對方與自己的信賴關係。只要對方相信你是真心考慮過雙方的利益才提出建議，就能順利達成協議。

反之，如果對方認為你是只為了自身利益，不值得信賴的人，無論說得多熱情洋溢，都會遭到拒絕。因此，在說服人時，引起他人好感的態度、說話的方式和開朗的聲音都是必不可少的。

試著捫心自問，這個不是對自己而是有利於對方的提案，是否可以順利說服他人。

只要是有利於對方的提案就會成功

說服的基本

最重要的是獲得對方的信任

1 注意要得到對方的認同，而不是強行說服。

2 完全理解說話的內容。

3 表現出因為有利於對方才提出的態度。

4 表現的態度和說話的方式要留給對方好印象。

5 尊重對方，並認真聽取對方說的話。

6 注意要站在對方的角度，做出簡單易懂的說明。

- 加入簡單的比喻或譬喻。
- 提出具體的例子。
- 出示圖片或照片等。
- 提出數字或數據。
- 介紹其他客戶的感想。

7 不要急著得出結果或下結論。

8 引導對方認同並自己得出結論。

9 覺得難以判斷的話，不要想馬上得到結論，建議放置幾天，分階段進行說服。

10 話題沒有進展時，不要勉強，暫且先退一步。

工作心理學69

讓對方接受要求的重點1

階段性提高要求等級

要求獲得接受的祕訣是？

代表的說服技巧中，有一個叫做「得寸進尺策略（foot in the door technique）」。這個技巧源自於銷售技巧：將一隻腳伸進門縫中，不讓門關上的話，事情就會如自己預想般地發展。當對方表示：「只是做個介紹而已，沒有一定要您買。」時點頭答應的話，往往很容易會被銷售術語沖昏了頭，導致無法拒絕，買下不需要的東西。

這是因為，人類具有想將自己的言行和態度保持一致的慾望。這種心態稱為「一致性原則」。

得寸進尺策略就是利用這種慾望的說服技巧。例如一開始先提出一個小要求，當對方接受後，再提出真正的要求。這就是趁機抓住對方一旦答應後，就會難以拒絕下一個要求的心態。

美國心理學家斯蒂普森以女子大學的學生為對象，進行以下的實驗。

①詢問對方：「可以幫我填一下問題相關的問卷嗎？」

②拜託對方：「請幫忙淨化環境，可以幫忙到某個地方種樹苗嗎？」

如然拜託②「希望幫忙種樹苗」時，大部分的人都會拒絕，但如果是拜託答應①的人去做②時，有80％的人會點頭。由此可知，只要接受小請求，就很容易連之後的請求都答應。

從簡單的要求開始，階段性地提高請求的難度，就能提高成功的機率。

「從簡單的要求開始」的技巧

得寸進尺策略

「一致性原則」

人類習慣維持行為的一致性。
因為不想讓覺得自己是態度善變的人。

利用這個心態，一開先從對方容易接受的的簡單要求下手。

↓

對方答應後，提出真正的要求。

↓

一開始答應後，「一致性原則」就會開始發揮作用，導致內心難以拒絕，便會接受下一個要求。

↓

就算一開始是很小的合約，但在接連簽了第一個、第二個的過程中，對方的警戒心就會下降，並隨之建立起雙方的信賴關係，最後就會演變成簽下大型合約。因此，請試著分階段攻陷對方！

利用得寸進尺策略的主要販售方式

試吃　**試用品**　**招募免費試用員**　**試乘**　**試穿**

因為接受嘗試，導致難以拒絕，只好購買。

工作心理學70

利用對方的罪惡感

讓對方接受要求的重點2

要命中對方的哪裡才會得到效果？

「以退為進策略（door inthe face technique）」與「得寸進尺策略」相反，一開始會故意提出較大的要求，在對方拒絕後，就會馬上提出較小要求，也就是實際上真正希望對方答應的事。

因為對方在拒絕第一個要求後多少會產生罪惡感。此外，從對方的角度來看，會覺得我方已經做出退讓，於是內心認為「自己也得讓步才行」，進而決定接受。

舉例來說，假設有位感情很好的同時對你說：「我這個月很缺錢，不好意思，可以借我一萬塊嗎？」你回答：「抱歉，我現在也剩沒多少錢。」後，對方接著說：「那借我兩千可以嗎？」

如此一來，就會覺得很難拒絕。畢竟因為一開始拒絕時就已經讓人覺得有點罪惡感，再加上對方將金額縮減至兩千，在感情上就會覺得很難連這個要求都拒絕。類似的情況時常會發生在商業洽談的過程中。例如，在提交估價單後，客戶表示：「價格可以再低一點嗎？」就會一邊說：「這已經壓到最低了。」一邊再打個折扣給對方。

看起來是業務應顧客要求做出讓步，但事實上，業務打從一開始就已經將折扣的金額加進去，降低後的金額才是真正的報價，真正的要求。

在提出第二個要求時，速度必須要快，因為只要隔一段時間，對方就會認為是其他要求。

利用拒絕一次後的罪惡感，對方就會更容易同意真正的要求。

從「較大要求」開始的技巧

以退為進策略

美國心理學家西奧迪尼的實驗

向大學生要求以下事項

1 可以請你之後每個禮拜都撥出兩個小時參加諮詢計畫嗎？這個計畫會持續兩年。

2 我接下來要帶孩子去動物園，你可以來幫忙兩個小時嗎？

↓

大部分的學生都會拒絕 **1**。
拜託拒絕的學生，大概有一半的人都會接受。
但如果突然向學生提出 **2**，會接受的人只占全部的兩成多。

學生接受時的心態

因為 **1** 這個要求太麻煩，所以才拒絕，但內心會產生一點罪惡感，覺得「好像有點抱歉」。

↓

馬上拜託學生 **2**。
相較 **1** 要歷時兩年，只需要花費兩個小時，因此表示：「只是這樣的話是也可以幫忙啦。」

人類會遵從「互惠性原則」。
會以善意來面對善意。
會以笑容來回應笑容。
對於讓步會想以讓步來回報。

工作心理學
71

推銷商品的重點1

也要清楚展示出缺點

都只舉出優點了，還是拿不到合約……

在打算購買某項商品時，如果店員只介紹商品的優點，你會做何反應？例如，A店員推薦說：「這個洗衣機不僅體積小、不會發出噪音外，還附有烘乾功能，非常方便喔！」而B店員在推薦時表示：「烘乾時間雖然比其他公司的產品多了5分鐘，但相對地，清洗的衣物不會出現縮水或受損的情況。而且體積小、無噪音，相當地方便喔！」聽完推薦後，你會相信哪一位店員呢？

像A店員這樣，只展示優點的行為，在心理學稱為片面提示；而像B店員，無論優缺點都展示的行為，則稱為雙面提示。

兩者相較下，一般來說雙面提示的說服效果更好。如果只說好的一面，就會讓人覺得怎麼可能有那麼好的事，無論怎麼想都很可疑。尤其是經驗愈是豐富、教育程度愈高的人，如果不確實提出缺點，這類型的人會無法認同。

但如果是針對基本上已經決定買那個產品的人來說，片面提示會更有效果。這時候顧客的心態是希望其他人幫忙從後面推一把，因此，如果告訴顧客商品的缺點，反而會動搖顧客購買的決心。這個道理就如同，各位在百貨公司看到一件很喜歡的外套，但很猶豫到底要不要買。這時只要店員稱讚一句：「真的很適合你呢！」就會馬上下定決心買下來。

像這樣根據情況或對方的心理狀態來靈活運用片面提示和雙面提示，就能提高說話的說服力。

確實告知缺點的話，不僅能得到信賴還能減少客訴。同時也要傳達優點的價值。

連同缺點一起傳達，增加信賴感

片面提示與雙面提示

片面提示

只傳達優點。

有效對象為，基本上已經決定要購買的人、對購買產品缺乏知識和經驗的人、對購買產品不太關注的人，以及教育程度低的人等。

雙面提示

同時傳達優點和缺點。

會帶給人誠實、正直的印象。連同缺點一起告知的話，可以減少對於這部分的客訴。有效對象為，知識和經驗豐富的人、教育程度高的人，以及購買意願低的人等。

雙面提示的重點

在進行雙面提示時，重點在於要先說明缺點再介紹優點。如果最後才說缺點，對方就會對此留下深刻的印象。

例

1「這個家電看起來很時尚，而且很好保養，但價格有點高。」

2「這個家電的價格有點高，但外觀很時尚，而且還很好保養。」

1 強調的點是價格高。

2 的話，雖然價格有點高，不過貴有貴的道理，所以可以接受。

工作心理學72

利用「想要」的心態

推銷商品的重點2

帶著不買就會吃虧的心態……

無論是誰，都有想撿便宜的心態。這就是為什麼大拍賣或○%折扣會造成人群蜂擁而至的原因。就算不是必要的物品，但因為降價的關係，就會有種不買就會吃虧的感覺。

平常也隨處可見「限定○人」、「前○人」、「只有今天打○折」、「今日限定」之類的廣告。只要聽到這麼說，往往就會湧出必須趕快去買的想法。

但試著冷靜下來想一想，那真的是自己想要的東西嗎？是不是想要比別人獲得更多好處，才買下來的呢？是不是單純大家看起來都想要，所以自己也跟著想要呢？

這種沒有經過深思熟慮就跟著他人行動的現象，稱為從眾行為。

其實有很多銷售策略都是利用這種心態。產品演示和「前○名會送紀念品」等也是如此，巧妙地利用聚集人群後，其他人會想要來看看是不是有什麼好東西的心態。

對於銷售的人來說，需要絞盡腦汁的是，如何抓住消費者貪小便宜的心態。

不過，缺點是，即使用這些方法成功說服消費者，消費者也不會完全接受，導致很容易就會改變心意。因此，絕對不可以擺出用某種誘餌釣魚就沒問題的安逸姿態。

有許多銷售策略都是利用「不想錯過任何有利可圖的機會」的心態。

只要抓住這個心態，就能順利交涉

說服的時候要抓住對方這個心態！

（根據美國社會心理學家西奧迪尼的分類）

1 互惠性

從對方那裡獲得什麼時就會想要報答回去。
「你都已經報價這麼多次了，再拒絕的話也說不過去。」

2 承諾與一致性

既然都已經答應了，就想盡量維持這個態度。
「一開始都答應了，現在真的說不出拒絕的話。」

3 善意

對於抱有好感的人，一般都會想答應對方。
「長得帥、人又好，所以就答應了！」

4 權威

因為有權威人士的保證，例如醫生、教授和專家等，很容易對此堅信不移。
「著名的○○老師說很好，所以絕對不會錯！」

5 稀少性

想要數量不多或難以入手的事物。
「必須趁這個機會買下來，我真的超想要！」

6 社會證據

相信許多人採取的行動就是正確的行動。
「賣那麼好，一定是好東西。」

不讓說服變得煩人

迴避對方反駁的重點

愈是熱切地說服愈能成功簽約？

展現出熱情是好事，但如果太過纏人，反而會引起對方的反擊或拒絕。在心理學上稱為迴旋鏢效應（boomrang effect）。主要的因素是：

①心理抗拒

人類具有自由選擇，並依照自己的意願來決定的慾望。在他人試圖強迫性的說服時，就會覺得自由遭到剝奪。因此陷入「就算賭口氣也不要照他的話做」的心境，進而執意拒絕對方。

②對說服者的不信任感

如果對說服者的態度或意見抱著不信任感，反彈就會更大。此外，如果對方不討人喜歡時，也會採取與建議相反的行動。

③針對自己重視的事物進行的說服

針對自己重視的事物，例如信念和價值觀等進行批判性的說服，會讓人覺得是在攻擊自己，導致內心強烈地湧出不願意接受的情緒。

就算是說服的一方和被說服的一方意見或立場相同時，迴旋鏢效應也會起作用。例如，本來對方已經想說：「那就買吧。」結果在自己糾纏地勸說：「買吧！買吧！」就會讓對方失去購買的意願。因此，不要勉強對方，先暫時拉開距離，過段時間再挑戰會比較好。這個方式稱為「睡眠者效應（sleeper effect）」，隨著時間的流逝，對方冷靜下來後，可能就會對商品感到興趣。

執意進行說服的話，可能會遭到「不要指使我」、「不要否定價值觀」的反彈。

反彈或拒絕是出自於這樣的心態

何謂迴旋鏢效應？

愈是拚命地說服愈會導致對方失去熱情，並引起反彈。

←

無論意見和立場是否相同，迴旋鏢效應都會產生作用。

←

在「不想打掃」的時候聽到「快點打掃！」後，會失去幹勁。

←

在想著「來打掃吧」時聽到「快點打掃！」，反而會引起強烈的反彈，並賭氣地不願意去做。

←

無論對方原本是否有意願，都會引起反彈。請記住，半強迫的說服會造成反效果！

何謂睡眠者效應？

即使當下被拒絕，事後也還是有機會展現出說服的效果，這個現象稱為「睡眠者效應」。

隨著時間的推移，被說服者對說服者的不信任感會降低，進而突顯出說話內容，因此會產生重新考慮的想法。

如果對方沒有出現這樣的變化，暫且先拉開距離，留給對方一段冷卻期。

畢竟快速的連續猛攻，只會導致對方產生反感而逃跑。

記住！這個道理就如同戀愛中的以退為進！

工作心理學74

一同前往有提供美食的地方

引導商談朝向成功的重點

招待為什麼有效？

無論是誰，在吃到美味的食物時，都會有種幸福的感覺。在這種情況下警戒心會減弱，因此容易對一起吃飯的人產生親切感或好感，並展現出更容易接受說服的態度。在餐廳邊招待客戶邊進行商談，就是為了取得這樣的效果。這種做法稱為「午餐技巧（luncheon technique）」。

此做法的背後也有心理學上的根據。美國心理學家賈尼斯等人，為了調查吃飯對說服所造成的影響，曾進行以下的實驗。

這個實驗將作為受試者的大學生分成兩組，讓他們閱讀與四個主題相關的評論。進行的過程中，提供其中一組可樂和花生，另一組則沒有供給任何食物。

待大學生閱讀完後，在調查這些人的想法產生什麼樣的變化時發現，無論是哪一種評論，邊吃花生和可樂邊閱讀的組別，贊同評論論點的人數都比較多。一般認為，飲食的愉悅與評論相互影響，使人更容易接受評論的內容。此外，也有可能是因為收到可樂和花生，導致內心產生互惠性原則，覺得不贊同的話很不好意思。

因此，為了得到合作對象的信任，或是為了與戀人保持良好的關係，建議平時就要研究哪間店氣氛很好或是有提供美味食物。

午餐技巧會縮短彼此的距離，促成商談成功的效果非常顯著。

讓人「覺得幸福」就能獲得成功

午餐技巧的效果

藉由美味的餐點獲得的愉悅感，有助於讓對方對商談留下好印象，而且會提高對說話內容和商談對象的好感度。

由於想要享受美味的佳餚，內心會產生盡量避免對立和鬥爭的想法，進而促使商談進展順利。

午餐技巧的成功祕訣

事先研究對方的喜好。

例如，招待討厭中華料理的人去吃中華料理，對方也不會感到開心。

選擇餐點美味的店家。

如果餐點不好吃，對方會覺得自己不受到重視，導致心情變差，進而產生反效果。

選擇氛圍良好的店家。

嚴禁環境吵雜或髒亂的地方。
尋找可以放鬆，和睦吃飯的店家。

選擇照明較昏暗的店家。

與聯誼相同，光線昏暗有助於提高親切感，並縮短與對方的距離。

招待對方去自己常去的店。

如果是自己熟識的店家，就能放鬆招待對方。
自己感到放鬆時，對方也比較容易放鬆。

工作心理學75

交涉不順利時的應對重點

打亂節奏或換個地方

無法掌握主導權進行引導時……

談判的過程中，並不會一直都按照自己的節奏進行，經常會出現對方技高一籌，等到自己發現時，主導權已經握在對方手中的情況。在這種時候，要怎麼做比較好呢？

首先是必須打斷對方的話，但明目張膽地插嘴，會讓對方感到不高興。所以只要打亂對方的節奏即可，例如輕咳一下或大幅度地改變姿勢，突然轉移視線也可以達到不錯的效果。當對方受到影響，想著是發生什麼事時，集中力就會中斷。這時候，就要趁空檔，設法捲土重來。

當然，要小心不要讓對方感到不愉快。訣竅是，表現出突然被什麼吸引目光的樣子，不經意地看向其他地方。

除此之外，也可以向服務生再叫一杯咖啡，或是找個合理的理由暫時離開座位。重點在於，在感受到自己被對方的節奏牽著鼻子走時，就要透過細微的行為或動作來破壞當下的節奏，並重新建立自己的節奏。

有時談判也可能會陷入僵局。遇到這種情況時，建議換個地方，有助於轉換心情。以煥然一新的心情來繼續談判，就有機會可以讓對話更熱絡或在談判上取得進展。

如果這麼做仍然沒有改善的話，請不要勉強對方，以良好的態度表示「那我再看看怎麼改善」，並爽快地分別。若在談話結束時留下好印象，就能提高對方重新考慮的機率。

自然地打亂當下的節奏或換個地方。如果這樣還是無助於改善，就不要勉強。

促使談判成功的思考方式和策略

幫助談判順利進行的提示

①確定談判的目的

根據是利益為重，還是重視與對方的關係，談判方式會有所不同。事前應該制定好策略，決定要以什麼樣的方式來面對。

②思考達成雙贏的局面（WIN-WIN）

談判的對象並不是敵人，而是朝著相同目標的夥伴，必須相互合作，攜手解決問題。如果只想從中獲得個人利益，談判就很難達成共識。因此，要想出雙方都能獲得利益的方法。

③從容易達到共識的部分開始

交貨日期、價格、保證期等，當有許多需要談判並決定的事項時，請從容易達到共識的部分開始。一步一步逐漸談妥後，就可以乘勝追擊，順利完成。

價格談判等，難以順利進展的項目，最好放在後面處理。

④談判時不要動搖，要堅持己見

事前先確定可以讓步到什麼程度，關鍵在於不要動搖。談判時必須堅持己見，若無法達到共識，就重新建立節奏，總之不要輕易妥協。

工作心理學 76

貫徹接收情緒的傾聽者角色

巧妙處理客訴的重點

無法順利處理不滿意見，覺得很煩惱……

企業的經營中一定會伴隨著客訴。因為各種理由，例如「瑕疵品」、「沒有收到商品」或「店員態度惡劣」等，導致消費者憤怒地提出客訴。

這些憤怒一般都是因為辜負期待而造成的。人在行動之前，會事先預測，這麼做之後可能會發生什麼樣的事。如果結果跟預期的不同，就會感到焦慮或生氣。而且一旦認為自己受到不當對待和侮辱，就會覺得自尊心受傷，同時也會感到憤怒。

客人會感到很激動，並受到想要發洩一切不滿的情緒所驅使，因此，就算客人的想法中有不正確的地方，也不要中途打斷他們，要貫徹傾聽者的角色任務。首先是針對「讓您感到不愉快，非常抱歉」以及「使對方感到不愉快的部分」表達歉意。接著不是反覆說「不好意思、對不起、很抱歉」，而是要重複對方說的話進行道歉，例如「店員態度惡劣，真的很抱歉」，如此一來，對方就會覺得自己說的話有順利傳達出去，並慢慢地冷靜下來。關鍵在於，坦率地道歉，不要找藉口，並向對方表示尊重。

就算是遇到對方誤會的情況，也要溫和地說「因為我方的說明不夠清楚，造成客人困擾，真的很抱歉」，不要指出對方的錯誤。

待對方的怒氣平息後，提出解決方案，並立即採取適當的措施。在富有誠意的應對下，就能建立信賴關係，對方甚至有機會成為會再次前來消費的顧客。

貫徹接收情緒的傾聽者角色並重複對方的話，老實地道歉。要確保語氣中的敬意。

最重要的是表現出敬意

將危機轉變為機會的客訴應對法是？

古德曼定理

（美國調查公司TARP公司的約翰・古德曼所得出理論）

1 對購買商品或服務不滿，但沒有客訴的顧客，其回購率約一成，剩下的人會成為其他公司的顧客。

↓

2 對於抱有不滿並客訴的顧客，如果能迅速處理，並讓其感到滿意，約有八成的人會再回購。

↓

會客訴的人是重要顧客。

只要誠實應對，他們就會再次光臨。

應對客訴的訣竅

①不找藉口，坦率地道歉。

②貫徹傾聽者的角色，並表示出敬意。

③適當附和或重複對方的話。

④在對方說話時，表示出認同。

⑤站在對方的角度來傾聽。

⑥正確把握客訴的原因和問題。

⑦在對方的怒氣平息後，提出解決方法。

⑧迅速地採取措施。

⑨妥善處理，解決問題後，寫信或寫電子郵件向對方回報，並再度道歉。

column

平等還是公平

想從工作中獲得相應的獎勵，是理所當然的事。獎勵不僅包含金錢，還包括讚美、評價和晉升等。

獎勵的分配法大致上分為兩種。

一種是根據個人的勞力、業績和貢獻程度等進行分配的公平分配；另一種是不考慮個人情況，全部的人平均分配的平等分配。

平等聽起來是沒什麼問題，但在無論是投入大量勞力，認真工作的人，或是偷懶只做一點點的人，大家獲得的獎勵都是相同的情況下，就會使人失去幹勁。

當然會形成這樣的心態，畢竟如果做跟不做獲得的都相同，無論是誰都會覺得「不用那麼認真也沒關係」。

據說，如果覺得獎勵太少，人就會減少勞動量，直到與獎勵比例達到平衡。因為無論是誰，都很難接受不公平。

要激發勞動意願，比起平等，更必須重視公平。因此，位階在上的人或組長，要仔細觀察每個組員的貢獻程度，公平地進行分配。

如此一來，就能有助於提高生產率。

Part 4

了解性格的心理學

性格心理學 77

了解缺點和優點是一體兩面

將缺點轉變為優點的重點

我自己會改變嗎？人可以改變嗎？

只要努力就能改變性格嗎？說起來，性格到底是如何形成的呢？

性格在心理學中是character一詞的翻譯。這個詞彙來自於希臘語，意思是「銘刻於身上的事物」。一般認為，性格更偏向於後天形成，是與生俱來的資質經過環境和經驗的淬鍊後塑造而成的。

在心理學中還有一個詞彙的意思與character類似，即personality。中文翻譯成「人格」，這個字包含道德上的細微差異等附加價值，但personality並不具有這樣的意思。personality來自於拉丁語的persona，是指演員戴的面具。換句話說，我們也跟演員一樣，會配合角色替換面具。

此外，還有一個名為「氣質」的詞彙，來自於拉丁語，意為「混合得宜」。氣質是先天的特徵，與本人的體質和生理作用有密切的關係。

氣質無法改變，但根據努力的情況，有機會改變性格和人格。不過，並不能保證改變的方向會如自己希望的那樣。

相比下，較為簡單的是，將缺點轉變為優點。缺點和優點是一體兩面，例如神經質的人對任何事都容易耿耿於懷，但反過來說，是可以注意到方方面面的人。只要換個角度來看，就能搖身一變，成為更討人喜歡的自己。

「膽小」是「慎重」、「粗枝大葉」是「大方」，根據不同看法，缺點會成為優點。

性格是由三個要素塑造而成

性格有三層構造

性格是使一個人的思考和行為具有特徵的固定傾向，可分成以下的三層構造。

氣質　（temperament）

語源：混合得宜的事物（拉丁語）
為每個人的個性基礎。
與生俱來的特徵，終生無法改變。

性格　（character）

語源：銘刻於身上的事物（希臘語）
與氣質一起構成人類行為的核心。
會根據經驗和環境的刺激而變化。

人格　（personality）

語源：persona，面具（拉丁語）
氣質和性格的保護殼。
根據情況和角色，會有各種的變化。

在以上三者複雜地連結後，性格才得以形成。
性格沒有優劣之分。與其改變性格，不如發展自身優點，或將缺點轉變為優點，有助於讓自己更具魅力。

性格心理學 78

使自己成長的重點

不要退縮，勇敢嘗試

擔任新的職務，覺得很焦慮……

生活中經常會發生這樣的情況：明明平常不怎麼起眼，卻被提拔為領導者，並在完成各種工作的過程中，愈來愈有領導者的風範。

人一旦被賦予某個任務或職務，就會積極地扮演這一角色。這個現象稱為「角色性格」或是「角色扮演」。剛開始無論是自己還是身邊的人，都會對於自己是否可以承擔這個重責大任感到擔心，但大膽地嘗試後，不知不覺就會散發出符合那個責任的氛圍。

醫生有醫生的樣子、老師有老師的樣子，也是角色性格形成的結果。可以說，要順利經營社會生活，就得習慣角色性格。

儘管不是什麼特別的角色，但我們在日常生活總是在扮演著各種不同的角色。舉例來說，一位男性在職場上是可靠的前輩，在家裡是逍遙自在的兒子，和戀人在一起時，是有點帥氣的男朋友，與朋友喝酒時，則是鋒芒畢露的年輕人等，根據不同的場合，分別使用不同的模樣來應對。之後如果結婚的話，就會加上丈夫的角色，若有了孩子，還要擔任爸爸的角色。

透過不辜負周圍的期待，努力成為符合角色的人，我們才能成長。

如果被賦予大型計劃的任務或被推薦為領導者的話，請不要退縮，勇於嘗試。如此一來，應該就能發現新的自己。

勇於擔任自己覺得不可能做得到的「角色」，才能促使自己成長。

「角色」會使自己成長

何謂角色性格？

角色性格＝角色扮演

↓

所有人都會根據情況或角色，刻意或不自覺地更換面具。

↓

要適應社會，就必須熟練地改變角色性格。

職場上是可靠的前輩

在戀人面前是稍微有點帥氣的男朋友

在家裡是逍遙自在的兒子

在喝酒聚會是鋒芒畢露的年輕人

在社團裡是認真的演奏者

醫生有醫生的樣子、老師有老師的樣子、偶像有偶像的樣子，能做到這點都是歸功於角色性格。

了解四個自我

認識自己的重點

對於與認知不同的「自己」感到訝異

其實意外地，大家都不太了解自己的個性。有時候還會出現自認為很一絲不苟，但從別人口中卻聽到「你真的很隨便呢」的評價，因而感到訝異的情況。

美國心理學家約瑟・魯夫特（Joseph Luft）與哈利・英格漢（Harry Ingham）以人類有四種自我的想法為基礎，規劃了「人際關係中的意識模式」。之後並以兩人名字的字首，命名為「周哈里窗（Johari window）」。

首先，想像自己是一扇很大的窗戶，窗戶上共分成四格。

第一格窗戶看見的是，自己和他人都了解的部分。這個部分稱為開放我（open self）。這格窗戶占比較大的人，致力於自我揭露，所以可以順利地與他人交流。

第二格窗戶看到的是自己不知道，但卻呈現在他人面前的部分。這個部分稱為盲目我（blind self）。這格窗戶占比較大的人，只要傾聽朋友和家人的建議，並努力給予對方反饋，就能獲得成長。

第三格窗戶是自己知道但他人不了解的部分。這部分稱為隱藏我（hidden self）。這格窗戶範圍較大的人，往往不擅長與人溝通。必須要坦率地表現真實的自己，以縮小這格窗戶。

第四格窗戶有著自己與他人都不了解的部分，稱為未知我（unknown self）。裡頭蘊藏著無限的可能性。

與各種不同的人接觸，了解未知的自己，擴大開放的自己。

人類有四個自我

周哈里窗

藉由思考現在自己的窗戶是長什麼樣子，有助於發現自己真正的模樣。

開放我
自己與他人都了解的部分。
盲目我
自己不認識，但他人了解的部分。
隱藏我
自己知道，但他人不了解的部分。
未知我
自己和他人都不了解的部分。

四格窗戶的大小可以自由變換。人會在與他人相處的過程中，逐漸找到真正的自己。你想要擴展哪一格窗戶呢？

性格心理學 80

降低生病風險的重點

注意轉換行為和想法

有容易罹患心臟病、癌症的個性嗎？

急躁、好勝且熱愛工作的人，容易罹患心臟病，這是A型人的特徵。

提倡這個A型概念的是美國醫生弗里德曼和羅森曼。他們在患有心臟疾病的患者身上，發現共同的行為模式和個性傾向。A型人對任何事都很容易感到煩躁，也可以說是，身體時常處於戰鬥模式，導致提高罹患心臟病的風險。

與A型相反的是B型。B型人個性悠哉、自我，可以輕鬆地與周遭的人進行交流。換句話說，是抗壓性很強的類型。

此外，最近受到大眾關注的是，據說容易罹患癌症的C型。C型的C是Cancer（癌症）的首字母。C型既客氣又具協調性，且過分在意他人。忍耐力強，因此很少將憤怒、悲傷等情緒表現出來。

也就是所謂的「好人」。但因為C型人經常壓抑情緒，不知不覺間就會累積壓力。一般認為這會導致免疫力降低，提高罹癌的風險。因此，如果是無法拒絕他人要求或是無法主張自身想法的人，就要多加注意。

各位是哪一種類型的人呢？感覺自己是A型或C型的人，只要嘗試轉換行為和想法，就會發現活著並沒有那麼難，罹患疾病的風險也會下降。

容易累積壓力的個性可能會導致免疫力下降，導致罹患疾病。

個性不同，容易罹患的疾病也不同

每種類型的特徵

A型　容易罹患心臟疾病的類型

1 具攻擊性。
2 好勝心和上進心很強。
3 熱愛工作的人。
4 急躁、嘴快。
5 總是被時間追著跑，忙得不可開交。
6 馬上就會感到煩躁。

B型　抗壓性強的類型

1 常常都很自我。
2 樂觀。
3 放鬆。
4 可以坦率地表現出自我。
5 好奇心旺盛、情緒穩定。
6 擁有自我肯定感。

C型　容易罹癌的類型

1 謹慎、沉默寡言。
2 具有協調性。
3 過於在意周遭的人。
4 忍耐力強、會自我犧牲。
5 不會表現出情緒。
6 容易陷入絕望感或無力感中。

A和B只是單純的符號，但C不是符號，而是取自單字的首字母。其中，A型和C型人容易罹患疾病。
最重要的是不要壓抑情緒、要適當地釋放壓力，以及隨時告訴自己要放鬆，再放鬆。

性格心理學 81

活得更輕鬆的重點

自責類型的人對任何事物都要保持樂觀

原因是出在自己身上，還是因為當下的情況？

即使相同的事情一再發生，接受的方式也會因人而異。

考試成績不理想時，有些人會檢討自己「都是因為我不夠努力，應該要更認真學習」，有些人則會認為「題目都是我沒有讀到的地方，這次的運氣真差」。

如同上述的例子，在得出某個結果時，在自己身上尋找原因的人稱為內控型；相對的，在外部環境尋找原因的稱為外控型。這個概念則統稱為控制點理論（Locus of Control＝LOC）。

這個概念將控制事情結果的原因分成兩種，一是自己、二是他人，可以說是一種個性的特徵，所以沒辦法斷定兩者的是非好壞。

內控型的人認為一切取決於自己的努力和能力，任何事都可以主動應對。不過，在失敗的時候，這類型的人通常會責備自己，並感到非常沮喪。

從這點來說，外控型的人很快就會下結論，就算失敗也不太會累積壓力。不過，因為沒有認真檢討出錯的原因，常常會在之後犯下相同的錯誤。此外，周圍對於外控型的人，有時還會不高興地表示「那個人都在推卸責任」。

因此，自責類型應該要放鬆身心，樂觀地認為，只要在失敗中學到教訓，運用在下一次就好；總是推卸責任的人，則是要養成思考自己是否也有問題的習慣。

只要過於偏重其中一方，就會覺得人生很難。請抱持著坦率承認失敗原因的心情。

了解自己的優點和缺點

控制點理論（LOC）

你是哪一種類型？

在工作上犯錯時的想法。

內控型的人

1 自己不夠努力。
2 怎麼辦？都是因為我，事情才會變成這樣。
3 澈底查明失敗的原因。
4 只要自己好好努力，下次就會更順利。

外控型的人

1 不是我的錯。
2 那是因為我太忙了，沒有時間好好做。
3 就算耿耿於懷也無濟於事。
4 只是因為運氣不好，下次就會順利了。

成功時的想法。

內控型的人

1 因為自己很努力。
2 我好聰明，搞不好是天才。

外控型的人

1 好幸運！
2 多虧大家的幫忙。

性格心理學 82

留意那些適用於任何人的話

不被占卜欺騙的重點

常常被猜中血型……

生活中有各種不同的個性占卜，其中，日本人最熟悉、最常見的就是血型占卜。

A型的人認真、一絲不苟；O型的人很會照顧他人，個性粗枝大葉；B型的人我行我素，陰晴不定；AB型的人做事合乎邏輯，是天生的天才等，相信這些大家都很了解。

以日本人來說，A、O、B及AB型的比例分別為4比3比2比1。血型占卜在日本的廣泛程度已經被認定是日本的獨特文化。

「你是A型吧？你剛剛不是把那支原子筆擺正了嗎？應該有比較神經質的部分吧？」

在對方這麼說之後，就會有種竟然被猜中了的神奇感。

無論是誰，多少都會有點神經質，所以才會認為對方說得沒錯。這個現象稱為「巴納姆效應」或「佛瑞效應」。

血型只有四種，所以非常單純，再加上「我行我素」、「粗枝大葉」、「合乎邏輯」等，都是任何人都符合的特徵。

醫學、心理學和生理學等，各個領域都在研究血型和個性之間的關係，但目前尚未找到科學的根據。

但也不能斷定血型對個性沒有影響。也許在未來的某一天，就會揭開科學證據也說不定。在那之前，就當作炒熱氣氛、與對方親近的道具吧！

一個兩個猜想都與現實符合，這就是產生巴納姆效應的技巧。

覺得血型占卜很準的原因是

何謂巴納姆效應？

「你是O型嗎？」
「你為什麼會知道？」
「因為你有點粗枝大葉啊。」
（什麼！被說中了……）

→ 無論是A型、B型還是AB型，其實很多人都有點粗枝大葉。

→ 但對方卻會覺得「沒錯！他說的沒錯！」

「O型的人粗枝大葉，但很大方、樂觀，而且很會照顧別人。」
（天啊！都說中了……）

→ 只要有一、兩個符合現實的特徵，注意力就只會在這些部分，以致覺得對方說得真準。

之所以會覺得各種占卜都很準的原因，就在於巴納姆效應。
只要相信有便於自己的部分即可！

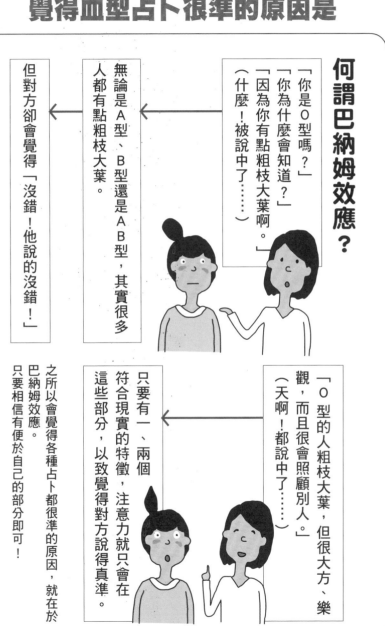

富有魅力的重點

提高情緒商數（ＥＱ）

什麼是建立良好人際關係的ＥＱ？

ＩＱ（Intelligence Quotient／智能商數）的高低，與幸福並沒有直接的關係。在學生時代成績很優秀，但步入社會後跌落谷底的人並不少見，因此，僅憑ＩＱ無法衡量一個人作為人的能力。

美國心理學家丹尼爾・高爾曼曾表示，人類要獲得幸福，就必須要有建立美滿人際關係的能力。這個能力叫做「ＥＱ（Emotional Quotient）」，又稱為「情緒商數」。高爾曼指出，ＥＱ是由以下五種能力組成的。

①了解自己的情感。

②善於控制自己的情感。

③能夠朝著目標努力。

④能夠理解他人的心情，並產生共鳴。

⑤能夠與他人建立良好的關係。

每個人都擁有這些能力，但並非所有能力都能均衡發展，狀況因人而異。有擅長與人交流的人，也有不擅長與人建立關係的人。此外，就算現在不擅長，只要努力就能提高ＥＱ。個性很難隨自己的意思而改變，但透過磨練ＥＱ，就有機會成為受人喜愛、具有魅力的人。

人際關係愈順利，對自己就會愈有自信，看起來就會更加閃耀。首先，從了解自己現在的內心感受開始吧！

透過努力就能提高「情緒商數」，進而成為一個討人喜愛，具有魅力的人。

只要提高EQ，人際關係就會更順利

提高EQ的訣竅

1 試著詢問自己，現在內心是什麼樣的感受，在得知答案的瞬間，內心就會平靜下來。重點在於，隨時掌握自己的情感。

2 試著詢問自己，是否可以控制內心的焦躁和憤怒。不要展現出攻擊性，避免被自己的情感左右。

3 訂立明確的目標，提高自己的動力。試著稍微改變視角，即使工作很辛苦，也可以抱著「受到大家期待」的心態，積極應對。就算失敗也能樂觀面對。

4 試著詢問自己，是否準確地掌握對方的心情，並表示出同理心？是否抱著體諒的心情來對待對方？盡可能多學習表達情感的用詞，如此就能更正確地掌握自己和對方的情感。

5 試著詢問自己，是否可以理解所謂的情感，並適當地應對他人。努力地產生「開心」、「快樂」、「興奮」、「喜悅」等的正向情緒。

人是情緒性的動物。
理解並妥善控制情感的話，人際關係也會愈來愈順利！

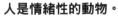

要積極地接受這是為了自我成長

不在人前怯場的重點

我「很容易焦慮」、「不擅長在人前說話」

相信有很多人都曾經歷過，在眾人面前演講時，因為緊張的關係，聲音顫抖，或是出現說不出話，無法跟平常一樣侃侃而談的情況。但只要改變態度，抱持著就算有點焦慮、儘管有點失敗，也能冷靜面對的心態，就能設法克服。

然而，對於容易焦慮的人來說，很難毫不猶豫地下定決心。因為個性誠實，有完美主義的傾向，所以非常在意他人對自己的評價。「失敗很丟臉」的心情比他人還要強烈，導致內心更加緊張。

如果一直維持這樣的狀態，就會陷入「我很容易焦慮」、「我不擅長在他人面前說話」的想法中，並愈來愈沒辦法好好說話。這就好比對自己暗示我做不到、我做不到一樣。

為什麼會如此害怕焦慮呢？是因為不夠帥氣嗎？還是討厭被人認為是沒有自信的人？只要抱著焦慮又不是犯罪的想法，心情應該就會輕鬆一點。任何人都會有脆弱和不擅長的事情。暴露這些部分並不丟人，因此，不要逃避焦慮，將此作為使自己成長的考驗，積極地接受，並一點一點地慢慢改善。

但如果狀況嚴重到對日常生活造成影響，就有可能是患有一種名叫社交焦慮症（SAD）的疾病。遇到這種情況時，請接受專業醫生的診療，其中藥物療法和精神療法都能發揮出作用。

積極地視為使自己成長的考驗，並一點一點地慢慢改善。

改變態度，接受世上無完人

克服焦慮症的訣竅

1 對自己說：「不是只有自己，大部分的人都會有焦慮的時候。」

2 將想法改變成「就算犯點錯也沒關係」。

3 愈是討厭焦慮，就愈不能逃避演講。因為逃避只會讓人愈來愈恐懼，面對的話，恐懼就會消失。

4 因為想著「焦慮的話該怎麼辦」才會感到焦慮。抱持著「焦慮也沒關係」的想法，就會輕鬆許多。

5 反覆告訴自己「就算焦慮，也要堅持說到最後」。事實上，所有人都會焦慮，但也都會說到最後。

6 積極地抓住提高自己、使自己成長的機會。

7 捨棄必須達到完美的想法，接受真正的自己。

性格心理學 85

了解對方和自身真心話的重點

從「動作倒錯」解讀真心

其實還有其他意思，不只是單純的錯誤？

在日常生活中，說錯話或寫錯字是很常見的事情。這樣的行為，在深層心理學中稱為「動作倒錯」。

由於是很常見的情況，自然不會每一件事都放在心裡。但佛洛伊德認為，動作倒錯是一種下意識的表現。也就是說，在無意中展現出內心深處的真心話。

以現在準備要開始一項會議，但主持人卻說「接下來，會議結束」這樣的情況為例，相信大家應該會很容易理解。一般認為，這種情況是因為在下意識中陷入「希望會議快點結束」、「不知道會議能不能順利進行」等情緒中，導致不小心出現口誤，說成「會議結束」。

同時，佛洛伊德也指出，一時想不起來的情況也與深層心理有關。舉例來說，怎麼也想不起某個人的名字時，可能是內心非常討厭那個人也說不定。或許是妨礙回想的潛意識意志在產生作用。

此外，打破不喜歡的餐具，或與前男友吵架分手後，忘記對方送的禮物放在哪裡等，也都有可能是想要遠離的潛意識意志所造成的結果。

人有時都會像這樣，在微不足道的錯誤或失誤中，表達出真心話。因此，在覺得「奇怪？」時，建議先試著探索自己的內心。

動作倒錯是潛意識意志產生的現象，表達出壓抑在心裡的真心話。

顯露出心裡的真心話

或許內心隱藏著這樣的內心想法？

本來要「宣布開會」結果說出口的卻是「宣布會議結束」。
希望會議快點結束、想要快點回家。

本來要說「早安」結果說出口的卻是「辛苦了」。
希望工作快點結束。

忘記開會必須的文件。
不想出席會議。

想不起某個人的名字。
其實討厭那個人。

明明知道地點卻迷路了。
不想前往那個地方。

弄丟戀人送的飾品。
想要和對方分手。

打破收到的餐具。
不喜歡這個餐具，所以不想用。

親屬關係本來要寫「妻」，卻寫成「毒」。
完全就是真心話。

接受、承認自己的存在

放鬆內心的重點

「反正我做什麼都不順利」

你是正向思考的人嗎？還是負面思考呢？如果只想著悲觀的事，認為自己一定做不到的話，人就會逐漸失去力氣。如果陷入「我沒辦法」的想法中，無論怎麼做都無法產生出想要挑戰的心情。因為看到光明的未來，覺得自己做得到，人的內心才會湧出熱忱。

肯定自我、珍惜自己的心情稱為self-esteem。在心理學中翻譯為自尊或自我肯定。

美國心理學家威廉・詹姆士曾表示，自尊可用自尊＝渴望成功的公式來表示。

也就是說，因為覺得自己應該可以做得更好、想要獲得更顯著的成功，即使取得同樣的成功，對成功的渴望愈是強烈，自尊愈不會提高。不過，每個人對成功的定義並不相同。

此外，美國心理學家盧森堡表示，自尊分成兩種。其中一種是與他人相比，覺得「非常好（very good）」，另一種是以自己內心的標準為基礎，接受自己，並認為「這樣就好（good enough）」。

真正自尊高的人，會覺得「這樣就好」而不是「非常好」。因為承認並接受這樣的自己是獨一無二的存在。

重要的是「這樣就好」地承認、接受自己的存在，讓生活更輕鬆。

獨一無二、原本的自己

自尊高的人、自尊低的人

自尊是一種心情，指尊重、珍惜原本的自己。又稱為自尊心、自我肯定。

自尊高的人

可以有自信地行動。
對任何事都可以正向思考、積極應對。
像對待自己一樣，尊重他人並抱持著同情心面對他人。

自尊低的人

對任何事都沒有自信，對自己感到自卑。
非常在意他人的評價。
無法順利建立人際關係。
有時甚至會演變成不願意去學校、成為家裡蹲或是對他人抱有攻擊性。

提高自尊的方法

1 設立小目標，逐一達成後，累積成就感。
2 什麼都可以，努力去做現在可以做的事。
3 承認努力的自己，並因此感到自豪。

比起「very good」的自己，更應該以「good enough」的自己為目標。重點不在於是不是比他人優秀，而是能不能用自己的方式得到滿足。

性格心理學
87

自我成長的重點

正因為無法滿足，人才會成長

總覺得很空虛

人類的欲望是永無止盡的，滿足一個後又會產生下一個。因此可以說，大部分的人一直都處於欲求不滿的狀態。

美國心理學家亞伯拉罕・馬斯洛認為，人類的欲望是有優先順序的，當等級較低的欲望得到滿足後，就會產生高一等的欲望，為了滿足欲望，人會採取行動，於是欲望就會一步一步地階段性提高。欲望可分為基本需求和成長需求，共五個階段。

①生理需求　吃飯、睡覺及排泄等，生存的最低需求。

②安全需求　想要不用擔心生命受到威脅，安全、安心地生活。

③社交需求（愛與隸屬）　想要得到他人的接受和喜愛。想要隸屬於某個團體的欲望。

④尊嚴需求（尊重需求、自尊需求）　希望真正的自己得到肯定。想要得到認可、想要作為一個人得到尊重的欲望。

⑤自我實現需求　最大限度地發揮自己的能力和可能性，想要讓自己達到應有狀態的欲望。

①到④是基本需求，等到這些欲望得到滿足後，才會產生⑤的成長需求。每滿足一個欲望，人就會往上成長。因此，陷入欲求不滿的狀態並非壞事。重點在於，要積極地將之作為成長的糧食，並為之努力。

人會為了滿足欲望而努力並得到成長，因此這是成長的糧食而不是壓力。

人會為了滿足欲望而努力

馬斯洛需求層次理論

馬斯洛的定義是「人類是朝著自我實現不斷成長的生物」。如果等級較低的需求沒有全部得到滿足，就不會產生自我實現需求。

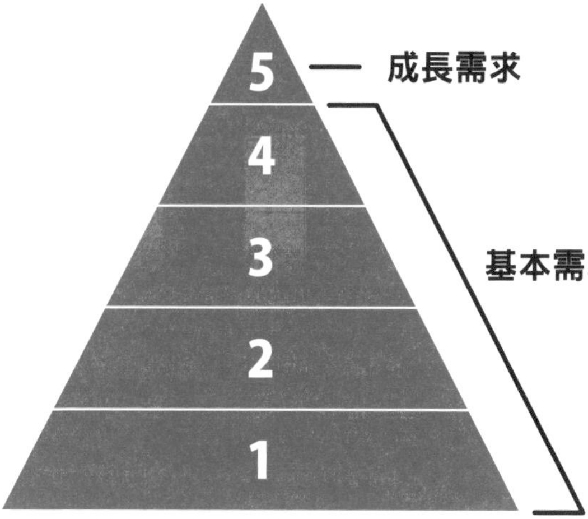

1 想要確保食、衣、住。

2 想住在安全的地方、想過著安穩的生活。

3 想要同伴、想要戀人。

4 想要獲得認可、想要受到尊敬。

5 想要發揮自己的能力、想要實現夢想。

因為欲求不滿，人才得以成長！

監修者簡介

浮谷秀一

1953年出生於日本千葉縣。前日本人格心理學會理事長（2009年8月至2015年9月），現為日本東京富士大學特約教授。於日本大學研究所碩士課程、日本明星大學研究所博士課程專修心理學。專業領域為學習心理學、人格心理學、情感心理學、社會心理學。所屬學會為日本人格心理學會、日本社會心理學等。
主要編著書籍有《こころの発達と学習の心理》（啓明出版）、《心理学ー行動の科学ー》（東京教学社）、《ビジネスの心理学》（八千代出版）、《パーソナリティ心理学ハンドブック》（福村出版）、《日本パーソナリティ心理学会20年史》（福村出版）、《クローズアップ「メディア」》（福村出版）、《知能・性格心理学》（北大路書房）等。

企劃・構成：有限会社イー・プランニング
企劃協力：株式会社EQアカデミー
插圖：ドゥドゥデザイン　横山史
DTP：ダイアートプランニング

人際關係心理學

出　　版／楓葉社文化事業有限公司
地　　址／新北市板橋區信義路163巷3號10樓
郵政劃撥／19907596　楓書坊文化出版社
網　　址／www.maplebook.com.tw
電　　話／02-2957-6096
傳　　真／02-2957-6435
監　　修／浮谷秀一
翻　　譯／劉姍珊
責任編輯／王綺
內文排版／謝政龍
港澳經銷／泛華發行代理有限公司
定　　價／350元
初版日期／2021年11月

國家圖書館出版品預行編目資料

人際關係心理學 / 浮谷秀一監修；劉姍珊翻譯. -- 初版. -- 新北市：楓葉社文化事業有限公司, 2021.11　面；　公分

ISBN 978-986-370-331-0（平裝）

1. 人際關係　2. 應用心理學

177.3　　110014685